dtv W0066168

Verliebt, verheiratet … geschieden? In diesem ebenso feinfühligen wie ermutigenden Buch zeigt Peter Angst Wege auf, Krisen vorzubeugen und eine glückliche, erfüllte Ehe zu führen. Denn der Bruch erfolgt nicht von heute auf morgen. Nur bleiben oft die unheilvollen Vorzeichen unerkannt, die auf den Anfang des Endes hinweisen. Aus diesem Grund hat der Autor ein Frühwarnsystem für Paare etabliert: An repräsentativen Beispielen von stark belasteten oder gescheiterten Beziehungen macht er auf typische Partnerschaftskiller – etwa zweckmäßige Liebe, hohe Erwartungen, Altlasten – und frühe Warnsignale aufmerksam. Im Vergleich mit diesen Paargeschichten sind Mann und Frau zur eigenen Partnerbeschau und zu individuellen, kreativen Lösungen eingeladen. Darüber hinaus stellt Peter Angst die sieben Partnerschaftskulturen vor, die eine Beziehung gesunden lassen und die erlernt und gepflegt werden können. Mit seiner positiven, klugen und humorvollen Art gelingt es dem Autor, Lust auf liebevolle Achtsamkeit innerhalb der eigenen Beziehung zu wecken.

Peter Angst, geboren 1948, war als Sozialpädagoge in verschiedenen Institutionen tätig und ist heute Paar- und Familientherapeut, Mediator und Supervisor. Er hält Vorträge und Seminare.

Peter Angst

Ehen zerbrechen leise

Ein Frühwarnsystem
für Paare

Deutscher Taschenbuch Verlag

Ergänzte und überarbeitete Ausgabe
August 2003
5. Auflage Dezember 2007
Deutscher Taschenbuch Verlag GmbH & Co. KG, München
www.dtv.de
Illustrationen: Peter Angst
Umschlagkonzept: Balk & Brumshagen
Umschlaggestaltung: Catherine Collin unter Verwendung
einer Fotografie von Royalty Free/Corbis
Satz: Fotosatz Reinhard Amann, Aichstetten
Gesetzt aus der ITC Legacy Serif und der Frutiger
Druck und Bindung: Druckerei C. H. Beck, Nördlingen
Gedruckt auf säurefreiem, chlorfrei gebleichtem Papier
Printed in Germany · ISBN 978-3-423-34028-1

Inhalt

Einleitung

In meiner langjährigen Tätigkeit mit scheidenden Paaren bin ich vorwiegend sehr liebenswerten Menschen begegnet, großartigen Frauen und Männern, keinen asozialen oder beziehungsunfähigen Wesen! Die meisten haben sich bis zum Krankwerden angestrengt, haben alle Register gezogen, und doch ist ihnen die Liebe zerbrochen. Welch tragische Schicksale!

Mit viel Respekt erzähle ich daher von diesen gescheiterten Beziehungen und danke all den Paaren, aus deren Erfahrungen ich gelernt habe, und dafür, dass ich die gewonnenen Erkenntnisse an andere weitergeben darf.

Sie, liebe Leserin, lieber Leser, möchte ich mit diesem Buch auffordern, Ihre Partnerschaft exakt zu betrachten, damit Sie rechtzeitig merken, wenn die ersten Risse entstehen. **Die Liebe zerbricht nicht mit einem großen Knall, sondern langsam und fast unmerklich leise ...**

Führt etwa gerade dieses leise Zerbröckeln dazu, dass so viele Paare ihre Schieflagen zu spät erkennen und zu spät Hilfe holen?

In der Hoffnung, Paaren zu helfen, rechtzeitig hinzusehen und frühzeitig einige Dinge zu ändern, habe ich dieses Buch geschrieben.

Es ist beunruhigend zu erfahren, wie erschreckend früh sich Beziehungen zu zersetzen und zu zerbrechen beginnen. Vielleicht ist es in Partnerschaften wie mit dem Klima: Wir können zwar unsere Beziehungs-Umwelt lange strapazieren, ohne dass es sichtbare Folgen hat. Wenn aber das klimatische Gleichgewicht kippt, brechen die Stürme los. Allerdings haben wachsame Paare gute Chancen, dass es nicht so weit kommt. Dieses Buch könnte Ihnen quasi als Hausapotheke für Ihre Langzeit-Beziehungen dienen.

Konflikte sollten rechtzeitig erkannt werden, bevor Wallhölzer, Besen und Anwälte eingesetzt werden. Der österreichische Konfliktforscher Friedrich Glasl hat einmal geschrieben: »Wenn Konfliktsignale von Menschen gut erkannt werden, können sie zu Geburtshelfern der Entwicklung werden.«

Es müsste wirklich nicht so weit kommen, dass viele aufgeklärte und liebenswerte Paare immer zu spät die Notbremse ziehen.

Sicher ist es ungeschickt von mir, schon auf den ersten Seiten meine Geschlechtsgenossen zu rügen, aber Tatsache ist: Männer verdrängen länger als Frauen und helfen nun mal wacker mit, den richtigen Zeitpunkt zu verpassen!

Frauen erkennen eher, wenn die Beziehungen zu bröckeln beginnen und ungute Muster sich einschleichen. Vielleicht nehmen Frauen diese kleinen Warnzeichen, die jeweils auf Störungen hinweisen könnten, zuerst wahr, weil sie mehr auf die Gefühle achten, denn »man sieht nur mit dem Herzen gut«, hat schon damals der Fuchs zum Kleinen Prinzen gesagt. Der Kopf verdrängt leichter als das Herz, und wir sind alle geübte Verdränger. Vielleicht müssen wir in unserer lauten Zeit zu viel verdrängen, weil uns täglich zu viele schreiende Töne und Informationen, zu viel Aktivismus und Konsum überfluten.

Beziehungen aber haben leise Töne und sind mit extrem zarten Banden geknüpft. Sie reißen früher und schneller als uns lieb ist.

Immer mehr Menschen resignieren bereits und ziehen das Alleinsein vor. Das kann und soll aber nicht das Modell der Zukunft sein, denn eine Vereinsamung ist oft die Folge.

Im guten Zusammenleben zwischen Frau und Mann sind viele Ressourcen, Kräfte und Chancen verborgen. Dieses neue Spiel muss jedoch sorgfältig eingeübt werden. Vernünftigerweise haben wir das überaltete System »Ehe« endlich geändert – auf ein faireres, gleichberechtigtes Ding. Diese neuen Partnerschaften sind in ihrer Form aber noch sehr jung. Wir stehen inmitten eines Kulturwechsels. So ist es nicht erstaunlich, dass wir noch Umstellungsprobleme beziehungsweise Kinderkrankheiten haben.

Zwei Wesen, unterschiedlich von Natur, aber auch unterschiedlich geprägt über Jahrtausende – die nun plötzlich miteinander gleichberechtigt zusammenleben sollen. Simsalabim! So einfach geht das nicht. Neue Spielregeln müssen erst gelernt werden. Mit meinen Anregungen möchte ich ein klein wenig mithelfen, neue Partnerschaftskulturen zwischen Frauen und Männern fairer zu gestalten. Eine Beziehung sollte schließlich mehr sein, als stets zu wissen, auf wen man wütend sein kann.

Entweder braucht es für dieses sensible Glasperlenspiel nun dringend neue wertvolle Kulturen, oder wir werden ganz einfach noch ein paar Generationen brauchen, bis unsere Kinder und Kindeskinder damit besser umgehen können.

Natürlich könnten wir diese Entwicklung auch etwas beschleunigen. Aber dann müssten wir schon einmal exakt hingucken, wie dieses anspruchsvolle Spiel gleichberechtigten Zusammenlebens funktioniert.

Gute Langzeit-Beziehungen sind machbar. Nur müssen wir diese neue Form des gleichberechtigten Zusammenlebens erst richtig lernen. Wie beim Tanzen müssen verschiedene Schritte eingeübt werden. Brillante Paartänzerinnen und Tänzer fallen selten vom Himmel. Viele werden erst auf der Erde zu einem richtigen Tangopaar. Also viel Glück – beim Einüben Ihres Paartanzes!

Ehen zerbrechen leise . . .
Ein Tanz auf dem Eis!

DIE HÄUFIGSTEN RISSE
IN PARTNERSCHAFTEN

Warum ist es für Paare so schwierig, die anfangs noch kleinen Risse in der eigenen Beziehung frühzeitig zu erkennen?

Ich bin überzeugt, dass bei vielen gefährdeten Paaren die ersten gefährlichen Risse und Beziehungsbrände gar nicht wahrgenommen werden wollen. Sie werden erst einmal verdrängt, bemogelt und umgangen oder mit etwas Kitschigem zugedeckt. Verständlich, dass in der Zeit des Verliebtseins noch niemand die Rolle des Kritikers und des Unzufriedenen einnehmen will. Niemand will gerne mit seinen Bedenken und Ängsten zum Spielverderber werden:

»Ich will doch nicht so pingelig und kleinlich sein wie meine Mutter.« – »Natürlich mach ich mir Sorgen, aber ich will doch nicht schon zu streiten beginnen.« – »Ach, ich hab ihn halt trotzdem gern! Liebe muss doch auch übersehen und verzeihen können.« Solche Beruhigungssätze werden in der ersten Zeit noch häufig verwendet.

Diese an sich tolerante und gut gemeinte Denkweise verhindert aber oft ein rechtzeitiges Deklarieren von ersten bedrohlichen Verletzungen und Rissen. Dabei wäre gerade in der ersten Zeit, wenn beide noch in der Begeisterung der Verliebtheit leben, sehr viel Korrektur und Veränderung möglich. Später sinkt die Bereitschaft zu handfesten Veränderungen enorm.

Aber eine Partnerschaft ist nun mal ein extrem sensibles Gebilde. Beängstigend früh kippt ein System aus dem Gleichgewicht. **Anfangs gibt es kleine Risse, die noch mit Leichtigkeit angegangen werden könnten, wenn sie nur rechtzeitig von beiden Partnern wahrgenommen würden.**

Sind Beziehungserkrankungen etwa deshalb schwierig zu erkennen, weil sie oft »dazwischen«, zwischen den beiden Partnern, liegen? Der Einzelne nimmt oft nur einen Teil der Verwundung wahr. Beide Partner beißen auf die Zähne, auch wenn das »Kind«

dazwischen schon schwer verletzt ist. Es gibt verschiedene Beziehungswunden, und oft liegen sie im unklaren Zwischenfeld, sozusagen im »Niemandsland« zwischen den Partnern. Dort, wo eigentlich die Liebe angesiedelt ist und wir so wenig klar erkennen, welche Liebesbande noch halten und welche schon angerissen sind.

Weil es uns Menschen immer leichter fällt, bei anderen die Dinge so zu sehen, wie sie wirklich sind, mögen die folgenden Geschichten vielleicht sinnvoll sein, um schlussendlich auch bei sich selber Parallelen wahrzunehmen. Wir haben die richtige Distanz, brauchen nichts zu verstecken und zu verleugnen. Dadurch haben wir die Chance, das sensible und versteckte Beziehungsspiel zu erkennen.

Eine Tragik des Menschen, dass er zu nahe Dinge oft nicht sehen kann oder will. Wer hat schon je seinen eigenen Rücken gesehen? Dabei beginnen so viele Verletzungen auf der Rückseite ...

Diese Geschichten sollen ein Spiegel sein und mithelfen, auch einmal Ihre eigene Rückseite zu betrachten, dort, wo die Schatten liegen, und Sie anregen, Ihr eigener Partnerschaftsanalytiker zu werden, um ein paar eigene Beziehungskiller rechtzeitig zu erkennen.

Im Übrigen möchte ich Ihnen auch ein wenig die Angst vor dem Hinsehen nehmen, denn schwierige Zeiten und Krisen in Beziehungen gehören nun einmal dazu. Ohne sie sind Veränderungen und Entwicklungen nicht möglich.

Sollte nicht jedes Paar ein eigenes Frühwarnsystem entwickeln, das rechtzeitig zu blinken beginnt, wenn diese gefährlichen, winzig kleinen Risse entstehen?

Es muss ja nicht immer gleich aufgegeben, geschieden und entsorgt werden!

Folgende Geschichten sollten Sie nicht erschrecken, nur ein wenig wachrütteln:

Oft wird zwar zweckmäßig gewählt –
aber die Liebe fehlt
»Schon unsere Heirat war auf einer Lüge aufgebaut!«
Mit heftigem Kopfschütteln über die anfängliche »Blindheit«
formulierte Helga diesen Satz, als sie mit Manfred und mir
über ihre gescheiterte Beziehung nachdachte ...

Zu hohe Erwartungen und deren Folgen
»Ich bin so enttäuscht von dir, du Großmaul!«
Bea und Markus waren voller Begabungen und Ressourcen.
Trotzdem scheiterte dieses Traumpaar ...

Kulturelle Unterschiede
»Ich versteh dich nicht, du exotischer Vogel!«
Turi, ein Schweizer, und Maria aus Santo Domingo:
beide weltoffen, liebenswürdig und sympathisch.
Die Ehe dauerte nur zwei Jahre ...

Wenn das Gespräch fehlt, verstummt die Liebe
»Wir haben zu wenig miteinander geredet.«
Noch in den Scheidungsverhandlungen pflegten Cornelia
und Andreas einen sehr liebenswerten und warmen Umgang.
Beide litten in ihrer »stummen Welt«, konnten aber das große
Schweigen nicht durchbrechen ...

Altlasten und ungünstige Umstände können
junge Paare belasten
»Muss ich denn für all deinen alten Mist herhalten?«
Beide waren mit einigen Lieblosigkeiten aus ihrer Jugendzeit
belastet. Eine gewisse Zeit konnten sie einander, gerade wegen
der Altlasten, so gut verstehen und ergänzen, dann aber wurden
auch für Ruth und Jörg die alten Kerben zum Verhängnis ...

Hotel-Mama-Kinder ärgern sich
»Bin ich da, um dir zu dienen?«
Beide forderten eine Subito-Scheidung! So nicht – nicht mit mir!
Zwar kamen Christine und Remo aus zwei ziemlich unterschied-
lichen Elternhäusern, aber in gewissen Verhaltensweisen waren
beide Hotel-Mama-Kinder ...

Kinder nehmen oft zu viel Platz ein
»Aber der kleine Prinz braucht mich doch jetzt!«
Natürlich gab es noch andere Gründe, die zum Abbruch
der Liebesgeschichte von Monika und Alex führten. Doch
das Fass zum Überlaufen brachte der allzu lebhafte Kinder-
alltag, der den beiden immer mehr zu schaffen machte ...

Es wird zu eng und zu langweilig
in den Zweierkisten
»Hilfe, du erstickst mich!«
So romantisch schön die stille Zweisamkeit sein kann, so
bedrohlich eng und eintönig kann es werden. Keine günstige
Ausgangslage für große, mutige Veränderungen. Vielleicht
dauerte das langsame Absterben der Beziehung von Hilde
und Noldi darum neunzehn lange Jahre ...

Von Workaholikern und anderen Zeitsündern
»Nein, ich habe wirklich keine Zeit, Schatz!«
Maya und Martin sind keine Exoten. Im Gegenteil. Zwei
engagierte, liebenswerte und aktive Mitmenschen von heute.
Voller Power! Beide waren sehr lebenstüchtig, vielleicht
sogar zu tüchtig ...

Ungleiche Lust auf Sex
»Ich bin zu müde, Liebling, vielleicht morgen!«
Vielleicht müsste in der Zeit der Begegnung und der Verliebt-
heit sehr ausgiebig und ehrlich über die Lust auf die Lust
geredet werden. Auch Renate und Stefan hätten in diesem
Bereich offener und ehrlicher sein müssen ...

Das Zerbrechen von Partnerschaften ist in den meisten Fällen ein
Kumulieren von verschiedenen unglücklichen Umständen. Aber
es gibt überragende Ursachen, und die sind hier aufgezählt. Beziehungen sind zwar etwas Schwieriges, aber trotzdem das Umfeld, das uns zu lebendigen Menschen macht.

Robert Lembke hat einmal gesagt: »*Liebe kommt auf leisen Sohlen
und knallt mit den Türen, wenn sie geht.*«
    ... ja, es gibt verschiedene Gründe, die Türen zu knallen.

Weitere Partnerschaftskiller

Selbstverständlich gibt es noch andere Ursachen und Umstände, die ebenfalls zum Zerbrechen von Partnerschaften führen. Mit Leichtigkeit ließe sich auch hier aufzeigen, wann, wie und wo bei den Ahnungslosen die ersten Brüche am helllichten Tage entstehen.

Einige dieser weiteren Partnerschaftskiller seien nur in Kürze erwähnt, damit sie von Ihnen nicht übersehen werden:

Einseitige Opfer- und Täterrollen in Partnerschaften

Es gibt Menschen, die fühlen sich immer als Opfer. Dauernd werden sie missverstanden, missbraucht und übergangen. Der Partner wird zum Täter!

Diese »Opferlämmer« klagen häufig an, üben wenig Selbstkritik und übernehmen kaum Selbstverantwortung. Oft ist es auch für Eheberater schwierig, diesen Unschuldslämmern zu begegnen, weil sie auch den Berater gleich zum Mit-Täter machen. »Bist du nicht für mich, dann bist du gegen mich!«

Nicht immer einfach, diese Menschen zu stoppen und zu beraten ...

Zu dominante Partner

Partnerschaften, in denen ein Partner den andern dominiert, haben meistens eine kurze Lebensdauer. Natürlich braucht es für dieses Muster immer zwei. Oft dominiert der Partner, der mehr macht, und wer mehr macht, bekommt mit der Zeit auch mehr Macht. Leicht entstehen zum Beispiel Mutter-und-Sohn-Verhältnisse. Die »Mütter-Frauen« leisten einen unheimlichen Service in der Partnerschaft, und die »Söhne-Partner« werden bequem und oft pubertierend. Aber auch in Vater-Töchter-Ehen entstehen leicht dominante Partnerverhältnisse. Dann schleichen sich »Nacherziehungen« und Kontrollen ein – keine gute Sache für eine faire und gleichberechtigte Partnerschaft.

Revierverletzungen (Grenzverletzungen)

Grenzüberschreitungen kommen in Partnerschaften immer wieder vor. Übertritte sind aber ebenfalls zerstörend. Oft geschehen sie aus einem Über-Engagement, aus Ängsten oder aus Fürsorglichkeit: Erwachsene Menschen, die einem anderen erwachsenen Menschen in sein Lebens- oder Arbeitsfeld immer wieder »hineintrampeln« oder sich unaufgefordert einmischen.

Für eine gesunde Beziehung wäre es aber wichtig, dass einander eigene Räume und Bereiche zugestanden werden. Daher: Gute Zäune geben gute Partnerschaften!

Einander immer umkrempeln wollen

Verständlich, dass man eine möglichst attraktive Partnerin oder einen viel begabteren und erfolgreicheren Partner haben möchte. Doch wer nun mal einen Frosch gewählt hat und nachträglich noch einen Prinzen daraus machen will, wird ein mühsames Spiel haben ...

Partner, die einander immer umkrempeln wollen, erreichen damit meistens das Gegenteil. Es beginnt eine unglückselige und partnerschaftskillende Spirale. Sie vergessen, dass sich Menschen meistens nur in einem akzeptierenden Milieu ändern können und nicht, wenn sie sich dauernd rechtfertigen und wehren müssen.

Wenn Lasten nicht fair verteilt sind

Auf der langen gemeinsamen Beziehungswanderung ist es ungesund, wenn einer der Partner zu schwer trägt. Dies bezieht sich auf verschiedene Bereiche: auf den Kleinkram im Alltag, auf die Verantwortung in der Erziehung der Kinder, in der beruflichen Tätigkeit etc.

Der Gefahr der einseitigen Verteilung muss immer wieder von neuem begegnet werden. Es muss immer wieder neu ausgehandelt werden, wer wann wie viel zu tragen hat und wann jemandem etwas abgenommen werden könnte.

*Wenn Entwertungen, Gleichgültigkeit und fehlender Respekt
sich einschleichen*

Gegenseitige Wertschätzung und viel Respekt vor dem andern sind wichtige Grundlagen für gute Partnerschaften. Wenn sich Entwertungen und mangelnde Wertschätzung in einer Beziehung einschleichen, sinkt das Partnerschaftsklima drastisch. Bald findet man sich in antarktischer Kälte wieder, und die gegenseitige Begeisterung schmilzt dahin.

Eheprobleme mit Dritten besprechen statt mit dem Partner

Natürlich ist es oft leichter, mit einem guten Freund, Nachbarn oder mit den Geschwistern über die Sorgen in der Beziehung zu sprechen. Auch gegen eine »Klagemauer-Person« ist nichts einzuwenden. Aber leicht passiert es, dass mit Drittpersonen Partnerschaftsprobleme bis ins Detail besprochen werden. Und weil es mit anderen ohne Widerstand funktioniert, bemüht man sich kaum mehr, dort zu sprechen, wo es dringend notwendig wäre und die Gespräche eigentlich hingehörten.

Ehetherapien nur mit einem Partner

Leider drücken sich bekanntlich vor allem die Männer davor, rechtzeitig in eine Beratung zu gehen. Aus diesem Grund ist es verständlich, dass viele Frauen allein Hilfe suchen. Allerdings stellt sich dann die Frage, ob diese Hilfe wirklich der Verbesserung der Partnerschaft dient.

Denn systemisch ergibt sich meistens Folgendes: Die Hilfe Suchende wird therapeutisch verstanden, aufgewertet, und gleichzeitig »sinkt« der fehlende Partner bedrohlich tief.

An dieser Stelle eine Kritik an meine Kolleginnen und Kollegen: Wird nicht aus Bequemlichkeit zu wenig unternommen, um den fehlenden Partner in die Beratung zu holen? Für viele Therapeuten ist es halt einfacher, nur mit einem Partner zu arbeiten als mit zwei. Weniger zwischen Fronten und Widersprüchen stehend, lässt es sich angenehmer auf einen Menschen konzentrieren und »friedlichere« Sitzungen abhalten.

Viele Therapeuten werden jetzt gegen meine Kritik protestieren. Ich bin jedoch überzeugt, dass es den Paaren weiß Gott mehr dient, wenn beide Partner anwesend sind!

Allgemeine Krisen- und Übergangszeiten

Tatsächlich gibt es über Ehezeiten Statistiken, die aufzeigen, dass es unterschiedliche Risikozeiten gibt. Zum Beispiel lassen sich Paare zwischen dem sechsten und siebten Jahr etwas häufiger scheiden. Aber auch in Übergangszeiten sind Paare gefährdet. Wenn Liebespaare Eltern werden, in Midlifekrisen, wenn die Kinder ausfliegen, in der Pensionierungszeit etc.

Interessanterweise scheinen jedoch viele Paare bei großen Krisen eher zusammenzuhalten als in seichten, lauwarmen Zeiten.

Zwei Häuptlinge in einem Zelt

Noch haben wir nicht richtig gelernt, mit der Emanzipation umzugehen. Zwar haben wir Schweizer unsere Gesetze geändert, haben endlich einer rechtlichen Gleichberechtigung von Frau und Mann zugestimmt, aber diese neue Form zweier gleichberechtigter Menschen in einer kleinen Institution ist gar nicht so einfach. Mühsam kämpfen wir gegeneinander, und oft fehlen uns neue Verhaltensmuster für einen fairen partnerschaftlichen Umgang.

Extreme Denk- und Glaubensentwicklungen eines Partners

Wenn ein Partner sich zu sehr in eine heilsbringende Glaubenslehre (Sekte oder andere Heilslehre) »hineinbeglückt«, wird ein gemeinsamer Dialog schwierig. Diese Partner entwickeln einen missionarischen Eifer und werden kompromisslos. Die partnerschaftliche Toleranz im Denken und Handeln wird zu eng.

Auch die zu extremen Selbstverwirklichungen in Partnerschaften können eine Bedrohung sein. Wenn es immer nur noch für den Einzelnen stimmen muss und das gemeinsame Wohl zu kurz kommt. Dieses Bauchnabeldenken eines überbordenden individuellen Wohlbefindlichkeitsdenkens nimmt zu! Es wird hauptsächlich die Frage gestellt: »Stimmt es für mich?«, statt ab und zu wenigstens zu fragen: »Stimmt es für *uns*?«

Bei all diesem Umschreiben möglicher Zerfallsursachen von Partnerschaften ist Folgendes zu erwähnen: So ahnungslos sind die Betroffenen jeweils gar nicht. Viele erahnen die eigenen unglücklichen Entwicklungen schon früh. Vielleicht wird oft aus Ängstlichkeit, Hilflosigkeit und anderen persönlichen Gründen weggeguckt und gemogelt.

Aber vielleicht auch, weil wir doch hoffen und wünschen, nun endlich den richtigen Partner gefunden zu haben. Und besser einen Frosch in der Hand als eine Prinzessin auf dem Dach.

Natürlich wissen wir aber auch, dass immer wieder Kompromisse eingegangen werden müssen und dass nicht *alles ideal* sein kann. Deshalb geht es auch nicht darum, all diese Schwierigkeiten und problematischen Beziehungen aus der Welt schaffen zu wollen, sondern vielmehr zu lernen mit ihnen umzugehen.

Vielleicht können die folgenden Anregungen und Denkanstöße behilflich sein, trotz allem gute Partnerschaftsformen und Muster zu finden. Schnuppern Sie weiter!

DENKANSTÖSSE FÜR BESSERE BEZIEHUNGEN

Nehmen wir an, all die Geschichten über das langsame und vielfältige Zerbrechen von Partnerschaften machen Sie etwas nachdenklich, sensibilisieren Sie und lassen Sie ein wenig vorsichtiger werden.

Das ist gut so!

Vielleicht werden Sie aber auch ein wenig seufzen über all die lauernden Schwierigkeiten dieses gemeinsamen Spiels.

Arnold Lazarus sagt in seinem Buch ›Fallstricke der Liebe‹: »Niemals sind zwei Menschen identisch, und darum ist es für Paare wichtig zu lernen, Kompromisse zu finden.«

Es ist also entscheidend, wie vorsichtig gewordene Paare ganz praktisch und vorbeugend ihre eigenen Beziehungsmuster analysieren und verbessern können.

Hilfreich könnten dabei die kommenden Kapitel für Liebende sein, weil sie zur Selbstwahrnehmung anregen und mithelfen, einander die Anliegen, Bedürfnisse und Wünsche transparenter zu vermitteln.

Auch möchte ich mit meinen Anregungen zum Experimentieren, zum Verändern auffordern und Mut machen, Neues zu wagen.

Viele Paare »bewegen« sich nicht, weil sie Angst vor Veränderungen haben. Sie glauben, mit dem »Stillsitzen« die Liebe zu erhalten. Sie vergessen aber, dass Liebe Bewegung braucht. **Vielleicht muss immer wieder etwas Brennbares nachgelegt werden, damit das Liebesfeuer nicht erlischt. Beim »Erstarren« erkalten die Gefühle.**

Lebendige Partnerschaften sind kein Kinderspiel. Es braucht Aufmerksamkeit und Zeit. Katrin Wiederkehr behauptet gar: »Alle guten Ehen sind psychische Zweitehen – häufig Ehen mit demselben Mann – und sie werden oft erst im mittleren Alter geschlossen.« Sind das nicht tröstende Worte? Also, tanzen Sie weiter!

Nun folgen abwechslungsweise Denkanstöße für bessere Beziehungen und tragische Beispiele von zerfallenden Partnerschaften. Wechselbäder wie im richtigen Leben. So oft meinen wir doch, nun endgültig die Weisheit und das Glück gefunden zu haben, und dann gibt es halt wieder Krisen, Abstürze und Sorgen. Vielleicht müssen wir lernen, mit diesen Wechselbädern, die uns das Leben bereithält, besser umzugehen. Dieses »Surfen« mit der Vielseitigkeit des Lebens wird uns mit der Zeit noch liebenswerter machen.

Picken Sie und Ihr Partner von den anregenden Seiten doch einfach das heraus, was Sie für Ihre gegenwärtige Beziehung brauchen können.

Weniger mogeln bei der Partnerwahl

Verliebte Menschen haben die Gabe, Worte zu hören,
die noch gar nicht gesagt worden sind.
Isa Miranda

Falls Sie nicht schon in einer Partnerschaft stecken und vielleicht vorhaben, bald auf Kontaktsuche zu gehen, um sich wieder einmal »zünftig« zu verlieben, dann sollten Sie dieses Kapitel lesen. Denn in der Zeit der ersten Begegnung werden unheimlich wichtige Weichen gestellt. Zu diesem Zeitpunkt wird sich entscheiden, in welchen Zug Sie einsteigen. Später hocken Sie dann im fahrenden Zug, und ein Aussteigen ist bei unbequemer Gesellschaft verdammt mühsam. Darum: Augen auf!

Vielleicht haben Sie aber auch schon eine schwierige Ehe durchlitten und möchten nun alles besser machen. So quasi: Beim nächsten Mal wird's maximal! Fehler bei der Partnerwahl sollten sich nicht wiederholen. Wer zweimal in die Grube fällt, ist ...!

Ärgern Sie sich über den provokativen Titel? Ich werde Ihnen beweisen, dass schon erschreckend früh gemogelt wird. Ganze Batterien von Frühwarnzeichen müssten bei etlichen Partnersuchenden blinken und aufheulen. Bei einigen Paaren müsste ein richtiges Disco-Lichtorgelkonzert losflimmern.

Suchende Menschen konstruieren den neuen Partner – den sie zu lieben meinen – oft selbst und wollen ihn gar nicht so erkennen, wie er wirklich ist.

Schauen wir doch einmal dort nach, wo in kurzer schriftlicher Form Partner gesucht werden. Dort, wo Frauen ihre Lebensprinzen suchen und Männer ihre Traumfrauen – in den Kontaktanzeigen.

Wie schönfärberisch sind doch die meisten Partnerschaftsinserate aufgesetzt! Fürchterlich nichts sagend, oberflächlich und mogelnd – wenig für diese entscheidende Schicksalsfrage und fürs lange Eheleben ausgedacht:

Sportliche Frau, 29/165,
schlank, sucht großen Partner

Beängstigend kurz und bündig! Eine nicht sehr mitteilungsfreudige Frau. Wie viele Ehen und Partnerschaften werden doch über die magischen Worte sportlich oder schlank gesucht? Es ist, als ob mit diesen beiden Eigenschaften eine erfolgreiche Beziehung garantiert würde.

Frauen suchen große Männer! Aber Achtung: »Große Männer machen immer, was sie wollen...«, hat mir kürzlich ein »schwieriger«, großer Mann lachend in der Praxis kundgetan...

Die suchenden Männer sind leider auch nicht besser. Im Gegenteil – teilweise noch spartanischer im Beschreiben ihrer selbst und im Offenbaren der Wunschliste:

Ich, m., 41, suche
hübsche, charm. Frau

Auch nicht gerade ein sehr kommunikativer und investierfreudiger Mensch. Hübsch und charmant! Damit lassen sich noch nicht allzu viele gemeinsame Jahre planen. Zudem sagt halt auch dieser Mann beängstigend wenig über sich aus. Eine Wundertüte? Nun, wenigstens gibt er seine 41 Jahrringe bekannt, doch was mag er wohl einundvierzig Jahre lang zuvor alles getrieben haben...?

Ach, und alle diese wenig aussagenden Eigenschaften wie: nett, sympathisch, interessiert, treu, groß, intelligent, offen, wanderfreudig, Pferde stehlend, romantisch, attraktiv, temperamentvoll etc.

Woche für Woche die gleichen Worte in gleich tönenden Inseraten von suchenden Menschen. Welch tragische und oberflächliche Aushängeschilder.

Ist es nicht zum Heulen, dass ausgerechnet bei den zwei so wichtigen Ereignissen im Leben wie Partnersuche und Sterben so fürchterlich gemogelt wird?

Ja, Sie haben richtig gelesen, auch beim Sterben. Die meisten Todesanzeigen sind wenig ehrlich und aussagekräftig. Mit den immer gleichen Worten werden auch die Toten beschrieben: wunderbarer, liebenswerter, treuer, aufopfernder, dienender und guter Mensch. – Scheinbar sterben uns immer nur die guten Menschen weg, und die unvollendeten und schwierigeren bleiben hier. Logisch, dass wir immer weniger Prinzessinnen und richtige Prinzen finden.

Müssten nicht schon diese zwei wichtigen und schicksalhaften Beschreibungen in Inseraten viel spezifischer, persönlicher und ehrlicher sein?

Warum nicht so:

»Männer suchen«
Ich bin ein recht egoistischer, bequemer 41-jähriger Mann. Wenig Freude am Haushalten. Wenig Spaß am stundenlangen Quatschen. Nicht sehr kinderliebend. Stehe momentan total auf stundenlangen Fernsehkonsum und Internetsurfen und geile Pornofilme. Dazu fresse ich gerne Nüsse und trinke Bier. Momentan sehr frustriert über meinen Job, habe aber wenig Lust auf Weiterbildung.
Bis jetzt Pech mit Frauen. Liefen immer wieder weg. Weiß nicht, wieso!
Suche eine sehr spritzige, lässige und schöne Frau, voller Charme! Selbstlos und pflegeleicht wie meine Mutter. Muss gut kochen können, sparsam haushalten, den Mann von Kleinkram verschonen.
Mit mir möglichst jede zweite Nacht Liebe machen, mich verschonen von langen Gefühlsdiskussionen und zu kitschigen, romantischen Spielen.
Soll präsentabel sein. Finanziell möglichst selbstständig. Bitte keine Kinderwünsche. Bei Meinungsverschiedenheiten soll immer noch die männliche Logik Recht haben. Also – keine Emanze!

»Frauen suchen«
Ich, eigenwillige, aufgeklärte 29-jährige Frau, habe wenig Lust den Haushalt zu machen. Bin aber sehr interessiert an stundenlan-

gen lässigen Gesprächen über Mode, Klatsch, Gefühle und die weite Welt.

Bin sehr nachtragend, neige zur Rechthaberei. Habe noch ein paar Altlasten. Bin allergisch auf Typen wie meinen Vater. Möchte auch nie wie meine Mutter nur dienen und Maul halten. Politik und Wirtschaft interessieren mich einen alten Hut.

Suche: selbstlosen, gutmütigen Typ. Großzügigen, toleranten, lässigen, pflegeleichten Mann, der mir wirklich etwas bringt. Möchte zwei Kinder, habe schon ziemlich klare Vorstellungen, wie die Erziehung sein soll. Diese sollte übrigens meine Sache sein.

Bitte nicht zu viel Gejammer über deinen Job. Andere leisten auch etwas. Abends könntest du aber durchwegs auch noch etwas für unsere Gemeinschaft tun.

Wenn alles gut klappt, bin ich auch für Zärtlichkeiten zu haben. Bin aber sonst nicht allzu sehr auf Sexualität eingestellt. Daher null Bock auf zu viele Ansprüche. Ich werde bestimmen, wann wir Lust haben.

Willkommen in der Realität! Welch wohltuend ehrliche Menschen! Zwar würden diese beiden Menschen auf diese Art und Weise wahrscheinlich nie und nimmer einen Partner finden. Und das ist doch die Tragik! Es will belogen sein – von Anfang an. Also wird Jahr für Jahr weitergemogelt: Tolle, romantische Männer suchen weiterhin sportliche, schöne Frauen. Später folgt dann ein fürchterlicher Aufschrei, wenn die konstruierten Prinzen und Prinzessinnen nur Frösche sind.

Auf beiden Seiten der Geschlechter wird schöngefärbt und einander bemogelt.

Zu rasch entsteht aus Täuschung – Enttäuschung!

Dabei sind doch beide Partner mit vielen Kontrasten, Schatten, widersprüchlichen Eigenschaften und viel Beziehungshemmendem ausgestattet. Dummerweise deckt der Anfangsrausch des Verliebtseins alle möglichen Kerben und das Hässliche zu. Umso härter das Erwachen nach der verliebten, ent-liebten Zeit!

Eine Droge der Natur! Ohne die wir vielleicht als irdische Wesen schon längst ausgestorben wären?

Dabei hatten die Prinzen doch schon von Anfang an ihre Schmuddelecken und die Prinzessinnen ihre widersprüchlichen Seiten.

Verständlich, dass jeder Mensch eine gute Partie machen möchte. Eine gute Wahl ist ein Gewinn! Und alle möchten gewinnen. Nur zeichnet sich da auf unserer unvollkommenen Erde eine fürchterliche Tragik ab. Vergleichbar mit einer Pyramide: In den unteren Schichten gibt es viel mehr Suchende als in den oberen. Aber alle möchten nur vom Feinsten!

Es gibt zu wenig Qualität. Alle schreien zwar nach Vollkommenheit, aber es hat nun mal ziemlich viele Früchte mit kleinen Fehlern. Verrückterweise kommt heutzutage alles immer mehr auf Glanzpapier, total perfekt und kitschig daher. Ein paar wenige Menschen haben tolle Masse und erbringen erstaunliche Leistungen. Diese Mega-Super-Women und -Men werden von einer total durchdachten Werbepsychologie entwickelt. Aber wir normalen Menschenkinder rülpsen halt ab und zu und bohren heimlich in den Nasen.

Das alte tragische Spiel »Wer nimmt wen?«

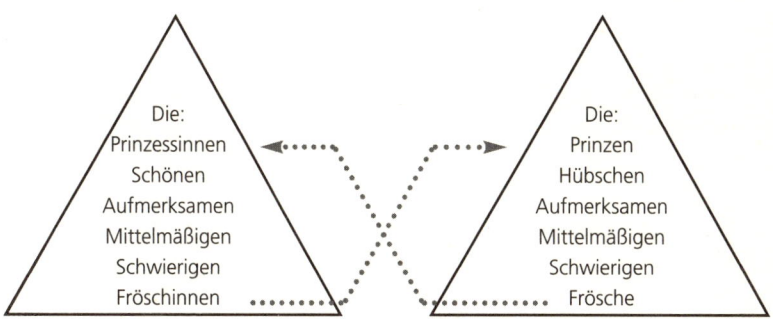

Die:
Prinzessinnen
Schönen
Aufmerksamen
Mittelmäßigen
Schwierigen
Fröschinnen

Die:
Prinzen
Hübschen
Aufmerksamen
Mittelmäßigen
Schwierigen
Frösche

Alle wollen immer nur die Besten, die Obersten der Pyramiden. Von diesen aber gibt es zu wenig.

Wer aber übernimmt die Mittelmäßigen, die Schwierigen und all die anderen Fröschinnen und Frösche?

Aus vielen Gesprächen mit Menschen nach der Scheidung habe ich entnommen, dass die Betroffenen oft schon sehr früh, beim Kennenlernen, kritische Gefühle und Bedenken hatten. Doch die wurden im Liebesrausch und im eigenen Wunschdenken einfach verdrängt, bemogelt und weggeblasen.

Längere Zeit begleitete ich ein reifes, älteres Paar in der Scheidungszeit. Sie hatten bereits während vierzehn von sechzehn Ehejahren einen schlimmen Kampf geführt und schon viele tausend Franken in hilflose Eheberater und Scheidungsanwälte investiert. Ein hoch begabter, feinfühliger Professor und eine intelligente, lebendige und faszinierende Frau. Leider passten diese zwei eigenwilligen Persönlichkeiten aber nicht zusammen. Sie waren wie Feuer und Wasser, fast auf allen Ebenen. Als ich wieder einmal eine harte, verletzende Auseinandersetzung anhören musste, fragte ich das Paar, warum sie eigentlich einander damals gewählt hätten: Er wurde verlegen und erzählte: »Ich war die treibende Kraft. Es war im Gymi. Sie hockte exakt vor mir. Stundenlang habe ich in ihr dichtes, dunkles Haar geguckt. Es waren diese Haare, die mich fasziniert und verliebt gemacht haben.«

Alles andere beachtete dieser intelligente Mann scheinbar nicht mehr.

Aber auch seine sehr kritische Lebenspartnerin meinte auf die Frage der anfänglichen freien Wahl: »Ach, wissen Sie, es war so bequem und einfach, sich in einen Schüler, der nur eine Bankreihe hinter mir saß, zu verlieben. Es gehörte einfach zur Teenager-Zeit!«

Eine andere Frau erzählte, sie habe sich in ihren Prinzen verliebt, weil er so scharfzüngig und provokativ mit den Lehrern umgegangen sei. Später zerbrachen sie und ihre Liebe gerade an dieser scharfzüngigen und provokativen Art ihres Partners.

»Eine Liebesgeschichte handelt in der Regel nicht davon, wie glücklich zwei Menschen miteinander sind, sondern wie unglücklich«, sagt der amerikanische Autor und Kritiker Louis Menand. Warum wird nicht kritischer und besser hingeguckt? Licht und

Schatten sind doch von Anfang an da. Der Mensch ändert sich gar nicht so sehr, wie wir immer meinen und hoffen. Ähnlich wie später in der Partnerschaft hat alles seinen kleinen Anfang und seine Muster. Vorurteile und Verhaltensweisen prägen sich in den ersten Stunden ein. Oft wird dort schon Grundsätzliches festgelegt, zum Beispiel, wer den aktiven Teil übernimmt, wer für die Kommunikation zuständig ist, für die Gefühle und andere wichtige Bereiche.

Nehmen wir kurz Einblick in eine stattgefundene Begegnung und beobachten, was da wirklich vor sich geht:

Lea und Werner begegneten sich das erste Mal in einer Disco. Die Musik war sehr laut, so dass man einander nur mit den Augen wahrnehmen konnte. Doch das genügte – vor allem Werner. Er beobachtete Lea zuerst eine lange Zeit, wie cool und rhythmisch sie tanzte, viel lachte und einen aufgeweckten Eindruck machte. Sie erinnerte ihn ein wenig an eine gute Schulfreundin. Und alte Erinnerungen mit guten Gefühlen wurden in ihm wach. Noch wusste er eigentlich nichts über diese Frau. Es war wirklich nur das erste und äußere Erscheinungsbild, gekoppelt mit einer guten Erinnerung, das ihn ansprach. Er selbst war gut drauf, in toller Stimmung:

> **Erstes Warnzeichen:**
> Vielleicht haben Begegnungen in Discos mit redeverhindernder Lautstärke System? Dadurch müssen all die jungen Leute und stummen Fische nicht kommunizieren. Natürlich wurde schon immer mit den Augen gewählt. Trotzdem würden einige Kontakte anders verlaufen, wenn in diesen ersten Stunden auch echte Gespräche geführt würden. Das Ohr sieht mehr als das Auge.

Auch die Koppelung an gute oder schlechte Erinnerungen ist sehr mitbestimmend in den ersten Minuten. Je nach Bild werden da Übertragungen gemacht, die eigentlich wenig mit der anwesenden Person zu tun haben: Die sieht ähnlich aus wie meine Schwester – also ist sie auch so ...! Diese simplen Vereinfachungen, Zuteilungen prägen die ersten und so wichtigen Minuten, legen aber oft eine falsche Spur.

Und scheinbar fällt es uns Menschen schwer, eine eingeschlagene Spur wieder zu verlassen.

Lea nahm Werner erst wahr, als dieser ihr mehrmals etwas verlegen zulächelte und ihr den Daumen nach oben zuhielt. »Der würde auch besser selbst mittanzen, statt wie ein Zaun-Spatz dazuhocken, zu beobachten und zu bewerten«, dachte sie im ersten Augenblick.

Zweites Warnzeichen:

Warum so gereizt und hart im Vor-Urteil? Und doch sind diese ersten kritischen Gedanken – ohne Wenn und Aber – vielleicht sehr wichtig beim Kennenlernspiel mit großen Folgen.

Als er dann aber plötzlich mit ihrem Lieblingsgetränk auf sie zukam, nahm sie freudig überrascht an und schmunzelte ihm zu. Nachträglich war sie aber wieder genervt, weil er eines ihrer Lieblingsmusikstücke als eher mäßig bezeichnete. »Dieser Hochstapler soll das den Profis erst einmal nachmachen«, ärgerte sie sich.

Drittes Warnzeichen:

Ach, diese Wechselbäder. Alles menschlich. Aber vielleicht könnte Lea wirklich sachlich feststellen, dass dieser aufmerksame und freundliche Typ einen ganz anderen Geschmack hat. Eine Sache, die bei einer späteren Partnerschaft wichtig sein könnte . . .

Werner war hingerissen vom Äußeren dieser sportlichen, gut aussehenden jungen Frau.

Er merkte zwar, dass sie ihn sehr kritisch betrachtete und leicht einschnappte, aber das war wohl ihre Masche.

Als sie dann noch am selben Abend draußen in ein kurzes Gespräch kamen, ärgerte er sich über ihre aggressiven und teils verletzenden Bemerkungen. Als sie zum Beispiel lachend bemerkte: »Ja, ja – ihr großen Buben, ich kenne euch doch!«, fand er die Bezeichnung »Buben« herablassend und »Ich kenne euch doch« so altklug. »Was weiß diese junge Zicke schon über uns Männer – diese Emanze. Oder vielleicht ist das nur ihr Trick? Innen ist sie sicher butterweich, wie das Mädchen aus meiner Schulzeit. Kecke Sprüche nur zur Abwehr. Mal doch nicht gleich eine Hexe an die Wand«, beruhigte er sich.

Viertes Warnzeichen:

Auch dieser junge Mann ist hellwach und nimmt vieles objektiv war. Doch er interpretiert rasch zu seinen eigenen Gunsten. Kritisches steckt er weg und beruhigt seine vorsichtige Seele rasch. Eigentlich wäre es aber sinnvoll, richtig hinzugucken und das Positive wie das Negative der ersten Beobachtungen auch wirklich so zu sehen, wie es ist.

Aber irgendwie reizte Werner Lea doch. Sie spürte, wie fixiert er auf sie war, und das tat gut, den wollte sie sich »warm halten«. Zwar ärgerte sie einiges, nicht das Aussehen, sondern die Gestik und das Verhalten, aber was soll's. Der war doch noch jung, und falls wirklich etwas aus der Begegnung werden sollte, konnte sie ihn ja noch ein wenig formen. So viel traute sie sich alleweil zu. War sie ihm nicht ein wenig überlegen? Doch, doch!

Fünftes Warnzeichen:

Auch Lea beruhigt ihre kritischen Wahrnehmungen und spielt sie herunter. Es gehört bekanntlich auch zum Privileg der Jungen, zu glauben, dass ein anderer Mensch mit Leichtigkeit zu formen und zu ändern wäre.

Lea und Werner wurden tatsächlich ein Paar – und vier Jahre später – ein Scheidungspaar!

Werner ärgerte sich zutiefst über die provokative Art und Weise von Lea und fühlte sich immer mehr von ihr manipuliert.

Lea hatte Mühe mit Werners Passivität. Aber auch seine schnellen Beurteilungen und Vorurteile wollte sie nicht mehr länger ertragen …

»Schon unsere Heirat war auf einer Lüge aufgebaut!«

Oft wird zwar zweckmäßig gewählt – aber die Liebe fehlt

Es muss ja nicht gleich eine Lüge sein, aber viele Beziehungen und Ehen werden teils aus beängstigend banalen und zu kurz gedachten Gründen eingegangen.

Oft sind neue Begegnungen noch eine Antwort auf die Zeit davor. Sie haben einen logischen Zweck, quasi eine Funktion für die vorherige Geschichte. Erklärungen und Argumente, die im Augenblick für eine Beziehung zwar einleuchtend sind, haben somit kaum Bestand für eine gemeinsame Zukunft. Es ist kein echter Neubeginn, sondern nur eine Ergänzungsgeschichte. Es wird zu wenig ganzheitlich gewählt und zu wenig auf Langfristigkeit gesetzt.

Menschen begegnen einander mit ähnlichen Defiziten und hoffen, einander möglichst subito diese Mankos abzudecken. Nicht immer genügt es aber für die lange Reise. Es ist zu wenig Neugier, echtes Interesse und Liebe für den anderen Menschen mit im Spiel.

Leidenschaft gehört dazu. Auch wenn sie meistens nicht für die Ewigkeit ist, sollte sie doch zu Beginn nicht fehlen. Die Erinnerung an dieses anfängliche Feuer ist eine immer wieder erneuerbare Energiequelle.

· · ·

Hildegard und Manfred lernte ich in Deutschland kennen. Sie hatten die Scheidung bereits hinter sich und konnten sich erstaunlich sachlich über ihre Geschichte äußern. Ja, sie forderten mich direkt auf, ihre Geschichte weiterzuerzählen, damit sie sich nie mehr wiederholen würde, denn Manfred glaubt, dass diese Art Beziehung oft eingegangen würde.

Hildegard war bereits eine allein erziehende Mutter, als sie Manfred kennen lernte. Sie war des Allein-Seins müde und wollte für ihren dreijährigen Rico möglichst rasch wieder einen Vater.

Erstes Warnzeichen:

Es ist nachvollziehbar, dass diese junge Mutter wieder in einer Partnerschaft leben möchte und vor allem einen anwesenden Vater für ihren kleinen Sohn wünscht. Nur ist bei diesem Vorhaben bereits ein klarer Auftrag und ein zweckgerichteter Wunsch da, der einengt, drängt und weniger nach einem neuen Partner sucht.

Manfred war noch sehr betroffen über die Trennung von seiner Partnerin Inge, mit der er sechs Jahre zusammengelebt hatte. Er saß wieder einmal bei einem Bier und war in einer traurigen Grundstimmung. Daher war er froh, als er von einer lebendigen, aufgeweckten Stimme angesprochen wurde. Diese Frau fragte geschickt nach seinem Befinden und konnte erst noch gut zuhören.

Bald erzählte er ihr seine ganze unglückliche Beziehungsgeschichte und vor allem vom lieblosen Ende, das er weiß Gott so nicht verdient hatte.

Zweites Warnzeichen:

Absolut nachfühlbar, dass ein Mann in Trauer auch getröstet sein will. Das ist an sich eine notwendige und gute Sache. Doch nicht immer sind die Retter und Trösterinnen auch gleich die richtigen zukünftigen Lebenspartner.

Bald erzählte auch Hildegard von ihrem gegenwärtig nicht einfachen Leben allein mit ihrem kleinen Rico. Diese Geschichte berührte Manfred vielleicht deswegen so stark, weil auch er ohne Vater aufgewachsen war. Er fand es toll und verantwortungsvoll, dass Hildegard offen aussprach, dass sie sich schon deswegen wieder ernsthaft mit einem Mann einlassen wollte, weil Rico einen anwesenden Vater brauche.

Manfred war über diese Begegnung so erleichtert und erfreut, dass
er spontaner als sonst fragte, ob sie einander nicht bald wieder
treffen könnten. Er war selbst erstaunt über seinen Vorschlag,
aber das eigene Losreden-Können und das Verstandenwerden
hatten ihm außerordentlich gut getan.

Manfred und Hildegard begegneten sich noch einige Male, und
der Ablauf des Gesprächs war immer ähnlich. Zuerst wurde Manfred getröstet und endlich wieder einmal mütterlich verstanden.

Dann wurde die Sorge von Hildegard ausgesprochen, und Manfred war der verständnisvolle Zuhörer. Wenn er dann selbst aus
seiner Jugendzeit erzählte, wurde er wiederum gut verstanden.

Sechs Monate später wurde geheiratet. Alles war praktisch und
bequem: Bei Hildegard hatte es noch Platz, und der hinausgewor-
fene Manfred verließ seine lausige Notwohnung nur zu gerne.

Beiden war schon bei der Heirat etwas mulmig, weil sie die Liebe
etwas vergessen hatten. Das Kribbeln im Bauch fehlte, und so fas-

ziniert waren eigentlich beide nicht voneinander. Aber es war doch zweckmäßig: Jeder war für den anderen »brauchbar« und bekam seine Rolle – Manfred die Vaterrolle für Rico, Hildegard die Rolle der Trösterin und Therapeutin für Manfred.

Sechstes Warnzeichen:
Wenn wir doch alle nur nicht so fürchterlich anspruchsvoll wären. Diese Ehe hätte doch nun eigentlich schon ihren Zweck erfüllt. Beide haben eine gute Rolle gefunden, und dies könnte doch genügen. Aber nein, wir Menschen wollen immer beängstigend mehr... Wir sind eben anspruchsvoll geworden.

Beide hofften, dass sich die große Liebe füreinander noch einstellen würde. Aber diese geheimnisvolle Künstlerin ließ auf sich warten.

Der Alltag wurde zwar bald von beiden bewältigt, als seien sie schon ewig lange verheiratet. Sie spielten ihre zugewiesenen Rollen vorbildlich, aber sonst entwickelte sich nicht sehr viel. Zwar versuchten sie auch ab und zu die Liebe und Sexualität zu leben, aber es war immer nur wenig Feuer dabei.

Siebtes Warnzeichen:
Es ist immer gefährlich, wenn man in Beziehungen hofft, das Fehlende würde sich dann schon noch einfinden. Vor allem, wenn es um solch zentrale Grundbedürfnisse wie die Liebe und Sexualität geht. Diese beiden Dinge müssten eigentlich am Anfang den Boden vorbereiten, worauf das Alltägliche und Banale dann aufgebaut werden könnte. Oder dieses Paar müsste sich mit dem Freundschaftsdienst und einer Zweckehe begnügen.

Die lebendige Hildegard wurde immer nachdenklicher: Zwar hatte sie nun einen Vater für ihren Rico gefunden, aber sie selbst hatte noch keinen Liebespartner.

Sie mochte Manfred, aber Liebe war es weiß Gott nicht.

Manfred litt bedeutend weniger als in seiner leidenschaftlichen Zeit mit Inge.

Aber auch er merkte bald, dass der Alltag zwar ruhiger und friedlicher verlief, doch rauschend und leidenschaftlich war ihre zweckgerichtete Beziehung nun mal nicht. Er hatte den kleinen Rico gern und die zugewiesene Vaterrolle, aber es war ihm, als wohne er eher mit einer Schwester zusammen. Sie war korrekt, pflegeleicht und zu »selbstständig«. Auch er merkte bald, dass er hier zwar einen guten Dienst ausübte, aber doch nicht die Lebensprinzessin, seine innere Traumfrau, gefunden hatte.

Achtes Warnzeichen:

Die Ernüchterungsphase naht. Eigentlich zu schade um diese zwei liebevollen Menschen, die doch in guter Absicht einander etwas Freundliches tun wollten. Doch gerade darin liegt ihre Tragik, dass sie noch zu sehr mit der Vorgeschichte beschäftigt sind und allzu funktional einander das Fehlende geben wollen: Manfred den fehlenden Vater und Hildegard die Trösterin für die Verletzungsgeschichte mit Inge. So haben sie die beiden vergangenen Beziehungsgeschichten fortgesetzt und keine eigene begonnen. Aber jedes Paar braucht eine eigene Story, um darauf aufbauen zu können.

Hildegard war die Lebendigere und Mutigere. So kam es, wie es kommen musste. Sie verliebte sich plötzlich in einen anderen Mann, und diesmal mit Haut und Haaren. Wohin nun mit Manfred? Seine Anwesenheit verhinderte das Ausleben ihrer Gefühle mit dem neuen Prinzen. Ihren Ärger über das Nicht-Ausleben-Können ließ Hildegard folglich am anwesenden Manfred aus. Auf einmal ärgerte sie sich über alles an ihm. Sie hätte ihn gerne umgekrempelt. Denn eigentlich müsste er so sein wie ihr neuer Lover.

Neuntes Warnzeichen:

Ach, diese Liebe: Nun kommt sie daher und macht diese Zweckehe kaputt. Eine neue, richtige Geschichte beginnt, und die angelaufene Zwischengeschichte wird überrollt. Schade. Es würde sich lohnen, bei einer Begegnung anfangs darauf zu achten, ob nur eine Zwischenaufgabe zu lösen ist oder ob sie wirklich einen Neuanfang mit allem Drum und Dran verdient.

Manfred war sehr verletzt über die plötzlichen Angriffe, Nörgeleien und die Ablehnung von Seiten Hildegards. Nichts konnte er seiner Partnerin mehr recht machen. Dabei versuchte er zuerst noch, tolerant zu sein und Verständnis für ihre Gefühle zu haben. Als er dann aber immer mehr erkennen musste, wie überflüssig er geworden war, wurde sein Kummer noch größer als nach dem Abschied von Inge. Der Mohr hatte seine Schuldigkeit getan, er konnte gehen. So kam Manfred sich vor.

> **Zehntes Warnzeichen:**
> Tragisch, die Rolle von Manfred. Nur müsste er seinen eigenen Anteil auch mal überdenken. Warum wurde er immer wieder »nur gebraucht«? War er nicht auch unheimlich bequem gewesen, als er sich entdecken und »pflücken« ließ? Vielleicht müsste er zukünftig mehr Verantwortung und Risiko übernehmen und selbst suchen und auswählen!

Hildegard hatte Schuldgefühle und konnte Manfred nicht einfach vor die Tür setzen. Es gab eine fürchterlich lange Leidenszeit. Beide litten und waren unglücklich. Niemand konnte aber das verletzende Drama beenden. Es kam zu langen, zermürbenden Schlagabtauschen, Kränkungen und Vorwürfen, bis endlich die Scheidung eingereicht wurde.

Vorbeugen wäre besser als Scheiden

Es ist in der Liebe wie mit den Pflanzen:
Wer Liebe ernten will, muss erst Liebe säen!
JEREMIAS GOTTHELF

Warum haben wohl vorbeugende Maßnahmen für angehende Ehen und Partnerschaften in unserer Gesellschaft bisher so wenig Chancen gehabt?

Immer wieder haben kirchliche und staatliche Organisationen der Erwachsenenbildung versucht, die jungen Leute auf das große Abenteuer Partnerschaft mit Ehe-Kursen vorzubereiten. Leider immer mit kläglich wenig Interessenten. An einigen Orten konnten diese vorbeugenden Hilfen überhaupt nur mit kirchlicher Autorität realisiert werden.

Nur wenige junge Leute sind bereit zu glauben, dass so etwas im Voraus nötig wäre.

»So ein Blödsinn. Wir lieben uns doch. Das ist entscheidend! Liebe kann man doch nicht lernen. Wenn man sich so gern hat wie wir zwei, muss es funktionieren. Ist eigentlich logo!«

Einverstanden, ihr Draufgänger. Aber verliebt sein allein genügt eben nicht immer. Das Ver-liebt-sein dauert nicht ewig. Einige kritische Psychologen behaupten gar, es würde nur drei Monate dauern, dann komme schon die lange Zeit des Ent-liebt-seins … So gemein kurz müsste der Traum aber nicht sein.

Es gäbe schon ein paar hilfreiche Ansätze zu diesem sensiblen Lebenstanz, damit in einer realen Gemeinschaft länger getanzt werden könnte.

Fast die Hälfte der eingegangenen Ehen verunglücken, und trotzdem geschieht erschreckend wenig Vorbeugendes. Es ist schon erstaunlich, mit welcher Gleichgültigkeit all die schlimmen Familienzusammenbrüche hingenommen werden. Dabei entstehen für die betroffenen Männer und Frauen wie für deren Kinder unheimliche schmerzhafte Langzeitschäden.

Wie leicht wird doch etwas zerstört, was zaghaft gewachsen ist und mit viel Liebe aufgebaut wurde. Und wenn etwas zerstört ist, braucht es oft furchtbar lange, bis wieder Neues aufgebaut werden kann.

Viel Grundvertrauen, Sympathie, Goodwill, Familiensinn und Liebe gehen verloren. Man flüchtet in die Einsamkeit. Die Singleskulturgemeinde wächst Jahr für Jahr. In der Schweiz leben bereits fast zwei Millionen Menschen in Einpersonen-Haushalten. Zu viele Menschen sitzen und essen lieber allein an einem Tisch, als dass sie die Zweisamkeit leben. Sie wollen nicht mehr verletzt oder missverstanden werden.

Muss das so sein? Wir hätten doch gewiss Chancen, mit vorbeugenden Maßnahmen und neuen sorgfältigen Erkenntnissen diese anfälligen Unternehmen zu festigen und deren Lebensdauer zu verlängern!

Nur müsste eben – verdammt noch mal früher – exakt hingeschaut und die kleinen Signale ernst genommen werden, denn es geschieht alles am helllichten Tage, und die Partnerschaften beginnen in aller Stille sich schleichend zu zersetzen und zu zerbrechen!

Schon beim Auswählen des Partners gilt es zu bedenken:

- dass Gegensätze zwar faszinierend sind, aber in Beziehungen mit zu großen Kontrasten oft zu keinem Zusammenspiel kommen.
- dass mit zu hohen Erwartungen die Frustrationen nicht lange auf sich warten lassen.
- dass gerade durch zu viel Nähe, Enge und Klammerei die Liebe erstickt wird.
- dass durch zu wenig Beachtung von Kleinigkeiten und dem rechtzeitigen Reden darüber die Liebe verkümmert.
- dass heimtückische Altlasten die junge Partnerschaft bald gefährden können.
- Und so weiter und so fort!

Interessanterweise beginnt man in der Schweiz mit dem neuen Scheidungsrecht, die Sache von hinten aufzurollen: Wenn ein Paar sich scheiden lassen will und alle Hürden einer Scheidung durchlitten hat und endlich beim hohen Gericht ankommt, wo alles überprüft wird, ja, dann ist der Staat immer noch nicht zufrieden. Er schickt das Paar erst mal nach Hause. Dort sollen die beiden nochmals zwei Monate warten, sechzig Mal darüber schlafen. Und dann müssen sie dem hohen Gericht nochmals schriftlich und unabhängig voneinander schreiben, dass sie die Scheidung wirklich wollen. Erst dann willigt der fürsorglich und vorsichtig gewordene Staat ein und erkennt die Scheidung an.

Eine Ehe aber kann bei uns in sieben Minuten (in Zürich bei Hochsaison sogar in fünf bis sechs Minuten) geschlossen werden. Keine andere ebenso wichtige Lebensentscheidung hat man so subito leicht in der Tasche.

Ernsthaft: Wie wäre es, wenn ein Paar nach ebenfalls zwei Monaten mit sechzig Liebesnächten intus, schriftlich um die Anerkennung seines Ehebundes bitten müsste? Ich bin überzeugt, dass durch mehr Ernsthaftigkeit einige abspringen würden, und so könnte bereits ein klein wenig Kitsch und Gloria vermieden werden. Dadurch würden bestimmt ein paar spätere Tränen und schmerzhafte Lebenserfahrungen vermieden.

Vielleicht ist die große Falle des Heiratens, dass Paare zu Beginn kaum selbst etwas beitragen müssen. Ihnen wird bequem alles abgenommen, und viele wissen gar nicht, welche Verpflichtungen, Regelungen und Konsequenzen sie eingehen. Zwar stehen da irgendwo im Gesetz seitenweise Vereinbarungen, die die Betroffenen nicht selbst aufgesetzt haben, die aber beängstigend gültig sind.

Es wäre wünschenswert, dass Paare ihre eigenen klugen Vereinbarungen erarbeiten, festhalten und immer wieder rechtzeitig überprüfen, welche Regeln erhaltenswert sind und welche wieder einmal geändert werden müssten.

Ab und zu helfe ich Menschen, die im Konkubinat leben wollen, einen sorgfältigen Vertrag zu erarbeiten. Diese Menschen sind bereit, miteinander eigene faire Vereinbarungen über das Materielle und das Zusammenleben zu treffen. Diese für die Vorbereitung auf die gemeinsame Zeit investierten Stunden lohnen sich in vielerlei Hinsicht und helfen wohl des Öfteren, eine schmerzhafte Trennung zu verhindern.

Aber auch wer bereits in einer Krise steckt, kann sich mit etwas Fantasie und gutem Willen mit neuen Vereinbarungen auf dem Langzeitweg verbessern. Dabei braucht es allerdings die Bereitschaft, die Probleme rechtzeitig zu analysieren und sich selber auch kritisch zu hinterfragen. Bei der Erarbeitung von neuen Lösungen und Vereinbarungen braucht es Offenheit und Fairness. Gleichzeitig ist es wichtig, dass beide Partner etwas für ihren Einsatz bekommen. Bereitschaft zu Veränderungen muss sich nämlich lohnen. Denn nur wer etwas bekommt, investiert auch etwas!

Kommen Sie, versuchen wir es doch. Vorbeugen ist besser als Scheiden!

»Ich bin so enttäuscht von dir, du Großmaul!«
Hohe Erwartungen und deren Folgen

Es ist doch zum Heulen: Wir plagen einander fast zu Tode mit dem grausamen Spiel der zu hohen Erwartungen. Wir setzen das Maß viel zu hoch! Irgendwann sind wir frustriert, erschöpft und müssen erkennen, dass wir es nie und nimmer schaffen. Als wär's nicht schon genug, deklariert man den anderen lieblos zum ewigen Frosch und Versager. Viele Enttäuschte ziehen es dann vor, aus dem Teufelskreis der Forderungen auszusteigen und in die Einsamkeit zu flüchten.

Von inneren, allzu romantischen und kitschigen Bildern angetrieben, von Lovesongs, Liebesromanen, von der Werbung und anderen, rosarote Wölklein erzeugenden Firmen verführt, produzieren wir gegenseitig immer verrücktere Erwartungen und hinterlassen ungenügende Ehen und andere Lebensgemeinschaften.

Was soll dieser Quatsch! Diese idiotisch hohe Erwartungshaltung, die bald jeden zweiten, an sich liebenswerten Erwachsenen zum Versager stempelt.

Es grenzt oft an Größenwahn, wenn Partner meinen, einander in allen Bereichen genügen zu wollen und zu müssen. Kein Mensch kann einem anderen Menschen all seine Bedürfnisse und Sehnsüchte stillen. In keiner Partnerschaft ist ALLES zu haben!

Zudem ist es fragwürdig, ob wir selbst bereit wären, das zu bieten, was wir vom anderen erwarten.

. . .

Mit müden und enttäuschten Gesichtern sitzen Bea und Markus in der Scheidungsberatung und nehmen nur noch selten miteinander Blickkontakt auf. Zu sehr sind beide frustriert. Zwar hatten sie vor, im Interesse ihrer Kinder die unausweichliche Scheidung korrekt und fair durchzuführen, aber es fällt ihnen sichtlich schwer. Immer wieder steigen bei Bea Gefühle hoch, und dann gibt es Tränen und Vorwürfe: »Ich bin so enttäuscht von dir, Markus. Du hattest mir so viel versprochen.«

Markus selbst schweigt. Er ist hauptsächlich auf die Zahlen fixiert und hart in der Verhandlungssache. Verbissen kämpft er um seine Anteile. Bestens informiert über Gesetz und Recht, will er nur noch eine »saubere Sache« erreichen.

Doch wie in aller Welt konnte es mit Bea und Markus so weit kommen? Hatte bei ihnen nicht alles so überlegt und verheißungsvoll angefangen?

Bea, eine hübsche und selbstsichere junge Handarbeitslehrerin, lernte Markus kennen, als dieser eine technische Hochschule absolvierte. Er war groß gewachsen, sportlich, ehrgeizig und intelligent. Ihre gegenseitige Zuneigung erwachte in einer engagierten

Arbeitsgruppe für Umweltfragen. Beide hatten hohe Ansprüche an sich selbst.

Sie waren überglücklich, im anderen einen differenzierten Partner gefunden zu haben, und liebten dessen Sorgfalt. Bea und Markus waren begeistert von der Ähnlichkeit des »gründlichen Denkens« in Bezug auf Gott und die Welt. Sie verabscheuten Halbherzigkeiten und Mittelmaß.

Erstes Warnzeichen:
Da finden sich zwei Menschen auf charakterlich und intelligent hohem Niveau. Das muss ja faszinieren. Nur liegt da schon die erste Falle der übersteigerten Erwartungen ans Perfekte. Niemand pfeift ein Lied der mittelmäßigen Genügsamkeit.

Vielleicht hätten diese jungen Menschen eher Partner aus-wählen sollen, die ihnen eine Prise Gelassenheit und Laissez-faire mitgebracht hätten, so quasi zum Ausgleichen!

In ihrer verliebten Zeit konnten sie jeweils bis tief in die Nacht hinein diskutieren. Sie machten sich viele Sorgen um die Umwelt und versuchten, die Welt zu verbessern. Beide waren sich einig, dass man aber gleichzeitig bei sich selbst beginnen sollte. Daher legten sie Wert auf maßvolles Leben, bekämpften den Abfall, die Konsumwut, den Mobilitätswahn und versuchten, die Umwelt zu schonen. Sie benutzten vorwiegend das Fahrrad oder den öffentlichen Verkehr.

Zweites Warnzeichen:
Diese bewusst lebenden Menschen verdienen Respekt. Ihr sorgenvolles Denken unsere geschundene Umwelt betreffend ist berechtigt. Einerseits gibt dieses gemeinsame Umweltbewusstsein, ähnlich wie die Religion oder eine extreme Weltanschauung, Übereinstimmung und Gemeinsamkeit. Trotzdem liegt in diesem hohen Anspruch an die Welt und an sich selbst eine Falle, denn die Gefahr ist groß, dass die Leichtigkeit des Seins verloren geht. Das Unbekümmerte, das Kindliche einer Partnerschaft wird nicht gelebt. Es bildet sich zu sehr eine Erwachsenenseele, die streng und unverzeihlich sein kann.

Auch die Frage nach Kindern wurde von beiden sehr sorgfältig überlegt. Sie waren sich schon vor der Hochzeit einig, dass sie eigene Kinder wollten und ihnen eine wertvolle Erziehung bieten möchten. Etwas qualifizierter sollte ihre Pädagogik schon sein als diejenige, die sie selbst genossen hatten.

Drittes Warnzeichen:

Junge Eltern wollen natürlich vieles besser machen, vor allem besser als ihre Eltern. Doch schon in dieser Haltung und in der oft leichten Überschätzung der Dinge, die da kommen werden, liegt viel Sprengstoff. Mit Leichtigkeit steigert sich ein Liebespaar in eine großartige und perfekte pädagogische Absicht. Sie übertreffen sich förmlich in den zu hoch stehenden Vorstellungen. Schon in dieser »Vorzeit« kann sich ein junges Paar selbst einige schmerzvolle Fallen stellen mit zu hohen eigenen, hausgemachten Erwartungen.

Eigentlich lief alles nach Plan. Zwei Jahre nach der Hochzeit wurde Bea schwanger. Bis Thomas zur Welt kam, ging es ihnen mehrheitlich gut. Obschon sich Bea sehr vorbildlich mit Kursen auf die Geburt vorbereitet hatte, folgte eine schwere Geburt. Thomas, der Erstgeborene, war von Anfang an ein sehr anspruchsvolles Baby und forderte Tag und Nacht große Aufmerksamkeit.

Bea kam oft an ihre Grenzen und fand, Markus müsste sich als Vater etwas mehr in der Betreuung des Kindes engagieren.

Viertes Warnzeichen:

Wie weit Thomas – der hilflose und zugleich anspruchsvolle Säugling – selbst einen dermaßen aufmerksamen Service fordert, ist schwer zu überprüfen. Inwiefern Bea selbst mit ihrem großen Anspruch an eine perfekte Pflege des Kindes sich bis zur Übermüdung antreibt und überfordert, sei dahingestellt. Durchaus legitim, dass Bea Markus um mehr Unterstützung bittet. Nur müsste Markus mitbestimmen dürfen, die allzu perfekte Säuglingspflege etwas zu drosseln.

Bea und Markus hatten sich schon bei der Heirat versprochen, dass sie Arbeit und Familie möglichst teilen wollten. Beide sollten sich in ihrem Beruf verwirklichen, aber auch ihren elterlichen Pflichten nachkommen.

Bea arbeitete nach der Geburt des Kindes zu 50 % als Handarbeitslehrerin. Markus hatte ein Arbeitspensum von 80 %, wobei er immer viel Arbeit mit nach Hause nehmen musste, um all seinen eigenen Ansprüchen und seiner Firma gerecht zu werden.

Fünftes Warnzeichen:

Diese an sich wertvolle partnerschaftliche Familienstruktur ist sehr anspruchsvoll und fordert von beiden Partnern extrem viel. Natürlich können sich dadurch beide Partner beruflich und familiär verwirklichen. Trotzdem muss sich ein Paar gut überlegen, ob die eigene Persönlichkeit und die eigenen Kräfte für diese Doppelbelastung geeignet sind.

Ein Jahr nach der Hochzeit bezog das junge Paar ein älteres Haus. Markus hatte den Ehrgeiz, das Haus möglichst mit umweltfreundlichen Baumaterialien selber auszubauen. Dies tat er neben seinem anspruchsvollen Beruf in der Freizeit und oft bis in die Nacht hinein. Bea unterstützte ihn bei der perfekten Bauweise, denn auch sie legte Wert auf Stil und »schöner« Wohnen.

Sechstes Warnzeichen:

Recht und gut, all diese hohen Ansprüche. Aber gerade mit alten Häusern kann man sich maßlos überfordern. Perfekte Menschen sollten alte Häuser eigentlich meiden. Gefährlich ist bei diesem Paar, dass sie beide enorme Vorstellungen haben und niemand da ist, der bremst, relativiert oder zur Mittelmäßigkeit und Genügsamkeit aufruft.

Trotz der großen Belastung durch die Pflege von Thomas fand Bea, dass das Kleinkind ein Geschwisterchen bekommen sollte, damit ihr Sohn nicht allein aufwachsen müsste. Zwar zögerte Markus bei dem Wunsch eines baldigen zweiten Kindes, doch Beas Argumente überzeugten den engagierten jungen Vater. Bald wurde Bea wieder schwanger.

Siebtes Warnzeichen:

Das Argument der jungen Mutter leuchtet ein. Es ist schön, wenn Kinder miteinander aufwachsen können. Nur ist alles eine Frage des Maßes und des richtigen Zeitpunktes. Vielleicht müsste dieses Paar mit seinen hohen Erwartungen doch noch etwas abwarten. Denn zwei anspruchsvolle Kleinkinder, eine Baustelle und zwei anstrengende Jobs sind verdammt viel. Das alles kann Partnerschaften leicht zum Kippen bringen.

Glücklicherweise war die kleine Lea pflegeleichter als ihr großer Bruder. Trotzdem gaben die beiden Kinder viel zu tun. Sie bestimmten den Tagesablauf und die wenige freie Zeit. Bea und Markus gelang es aber trotz der großen Belastung, im Gespräch zu bleiben. Ihre Gesprächskultur wurde ungeduldiger, und oft drängte ein Partner den anderen, »auf den Punkt« zu kommen. Der Betroffene war dann meistens verletzt und verstummte als Folge des ungehaltenen Kommentars.

Achtes Warnzeichen:

Verständlich, dass bei all diesen Belastungen eine gewisse Müdigkeit und Energieknappheit entsteht, die sich auch in der Gesprächskultur abzeichnet. Das gemeinsame Gespräch ist aber ein starker Eckpfeiler dieser Partnerschaft und daher lebenswichtig. Vielleicht sollte dieses Paar sorgfältig Gesprächszeiten planen, wo nach Herzenslust ausgiebig und gründlich gesprochen werden darf und so die anfängliche Begeisterung füreinander wieder gefunden werde könnte.

Die Sexualität wurde von beiden immer mehr vernachlässigt. Sie waren sich stets einig, dass bei ihnen nur guter Sex stattfinden sollte. Also keine »schnellen Nummern«, wie sie es nannten. Die Folge war dann aber, dass es nur noch sehr selten zu intimen, anspruchsvollen Begegnungen kam. Zwar äußerte Markus ab und zu, dass es ihm eigentlich fehlen würde, aber er konnte die Ursachen schließlich verstehen und vertröstete sich auf bessere Zeiten.

Neuntes Warnzeichen:

Nachvollziehbar, was bei diesem Paar abläuft. Vor lauter Tagesprogramm verkümmert die Sinnlichkeit. Beide sind ausgeprägte Vernunftmenschen und weniger Lebemenschen. Da siegt der

> Kopf vor dem Bauch. Es fehlt an Verführung der Vernunft!
> Gefährlich ist auch das Vertrösten von Markus. Die Liebe und die
> Sinnlichkeit haben ein Recht auf Präsenz im Alltag. Sie könnten
> sogar der Kitt in schwierigen Zeiten sein.

Schleichend verschlechterte sich das Klima zwischen Bea und Markus. Bea flüchtete in ihre Mutterrolle und holte sich dort viel Zuwendung und Ersatz für die mangelnden Zärtlichkeiten.

Markus flüchtete in die Arbeit. Er suchte dort nach Anerkennung und Wertschätzung.

> **Zehntes Warnzeichen:**
> Beide Partner kompensieren. Bei anhaltenden Widerständen in
> Partnerschaften kommt es leicht zu Kompensationshandlungen.
> Oft ist es leichter, sich einen Ersatz zu beschaffen, als sich hinzu-
> setzen und gemeinsam die Widerstände anzugehen.

Da das Paar an den hohen Ansprüchen festhielt, gab es immer wieder gegenseitige Ermahnungen, verletzende Kritik, Korrekturen und Rügen. Dieses Nörgeln aber vergiftete die Seele ihrer Partnerschaft. Da beide auch an die Partnerschaft hohe Ansprüche hatten und all die kleinen und großen Mängel feststellten, waren sie sich bald einmal einig, so nicht mehr »weiterwursteln« zu wollen.

Bea machte den Vorschlag, dass sie doch in eine Eheberatung gehen sollten. Markus lehnte dies aber entschieden ab mit der Begründung: Eine Ehe, die man flicken müsse, sei bereits eine lausige Sache. Er wolle nicht in einem Flickwerk weiterleben.

> **Elftes Warnzeichen:**
> Nun kippt das Klima leider schnell. Sie können nicht aus ihrer
> Haut heraus und halten an Werten, Vorstellungen und Erwartun-
> gen fest. Sie haben nun mal ihre Liebe auf einem sehr hohen
> Niveau angesiedelt. Vielleicht könnte ihrer Ehe mit einer inten-
> siven Beratung geholfen werden, aber auch beim Hilfe-An-
> nehmen steht ihnen womöglich ihr anspruchsvolles Weltbild im
> Wege.

Markus setzte sich durch und reichte die Scheidung ein.

... exaktes Hinschauen

Eigenes Wahrnehmen und exaktes Hinsehen

Liebe ist – die höchste Form von Aufmerksamkeit.
LAWRENCE DURRELL

Damit Partner einander mitteilen können, was sie denken und fühlen, was ihre Seele beglückt und bedrückt, muss der Einzelne dies alles erst selbst wahrnehmen können.

Nicht immer ist es einfach zu spüren, was der eigenen Seele fehlt. Wir sind muffelig, schlecht gelaunt, gereizt, einfach sauer. Nichts deutet auf ein ärgerliches Erlebnis hin, nichts Bedrohliches liegt in der Luft. Die Steuern sind bezahlt, die Schuhe geputzt, nicht einmal der Magen knurrt, und trotzdem – wir sind schlecht drauf.

»*Ja, was ist nun schon wieder los – alte Seele?*«, fragen wir ärgerlich nach innen. Dumpf kommen (vielleicht) ein paar Bilder hoch, alles eher peinliche Kleinigkeiten.

»*Aber das darf doch nicht wahr sein, dass dich diese unkluge Bemerkung deiner Partnerin von gestern Abend immer noch kränkt? Was bist du nur für ein Mimöschen von einer Seele? Hast du gestern nicht selbst etwas tief geschossen, als du deine Partnerin wegen der paar Minuten Verspätung ärgerlich angepfiffen hast? Also, sei bitte nicht so zimperlich!*«

Das dumpfe, verletzende Kribbeln im Bauch ist aber immer noch da.

»*Ich glaub es nicht. Wie alt musst du arme Seele eigentlich noch werden, damit du auf solche Kleinigkeiten gelassener reagierst? Einverstanden, es verletzt dich, weil dir deine Geschwister schon damals mit ähnlichen Worten zu verstehen gaben, dass du nicht besonders musikalisch bist. Eigentlich weißt du es doch selbst. **Gerade weil ich immer deine Seele bin, in guten wie in schlechten Tagen, und weil ich schon dabei war, als du die ersten Male gekränkt wurdest, bin ich vielleicht so empfindlich**«*, sagt die innere Stimme.

Unsere Seele ist nun mal dieses tief liegende, hoch empfindliche Ding, diese Blackbox, die alles exakt gespeichert hat. Mit ihr müssen wir leben. Wie in einem Flugzeug kann auch unsere Seele immer wieder exakt aufzeichnen, was geschehen ist. Und diese Aufzeichnungen können uns auch vor weiteren Unglückseligkeiten bewahren. Nur haben wir nicht immer Lust, diese kleinen Dinge auszuwerten. Es ist zeitaufwändig und oft auch schmerzhaft, genau hinzuhören und zu betrachten, was abgelaufen ist. Also Schwamm drüber, Deckel drauf, Ablenkung; the show must go on – in die nächste Katastrophe! Wir wollen doch nicht rückwärts durchs Leben stolpern …

Und doch würde es sich ab und zu lohnen, den Dialog nach innen zu führen, hinzuhören, was die Seele uns zu sagen hat. Denn sie ist auch das Gedächtnis unserer eigenen Geschichte und könnte uns melden, wenn wir dabei sind, Fehler zu wiederholen. Wird sie aber dauernd übergangen und bemogelt, stumpft sie ab, verstummt oder wird krank. Dann ist es für denjenigen, dem die Seele gehört, wie für dessen Lebenspartner ungemütlich. Seelisch erkrankte Menschen sinken oft tief und für lange Zeit.

Am Anfang einer Partnerschaft ist man noch eher am Partner interessiert und lässt die Seele dem anderen erzählen. Liebende Menschen sind neugierig, wie es im Partner wirklich aussieht, und es ist eine Befriedung des Vertrauens (das Glück der Verliebten), wenn einander tatsächlich aus den Tiefen der Blackbox erzählt wird. Wertvolle Antworten aus der Tiefe könnten vielleicht auf folgende Fragen gegeben werden:

- Wer bin ich eigentlich?
- Wer bin ich sicher nicht?
- Wer möchte ich eigentlich sein?
- Wer möchte ich für dich sein?
- Was braucht meine Seele, um lange Zeit glücklich zu sein?
- Was würde deine Seele von mir wünschen?

Wenn die These stimmt, dass wir beim Bekämpfen des Partners oft unsere eigene Geschichte bekämpfen, dann ist es höchste Zeit, dass wir unsere Geschichte – und was gespeichert ist – befragen und besser erkennen, um mühsamen und wiederkehrenden Ehekämpfen vorzubeugen.

Steven Carter schreibt in seinem Buch ›Lauf nicht vor der Liebe weg!‹: »Wenn Sie noch nicht einmal wissen, wer Sie wirklich sind, wie soll es Ihnen dann gelingen, sich mit einem anderen Menschen zu verbinden? Also, wir kommen nicht darum herum, uns selbst exakt zu begegnen, wenn wir eine gute Partnerschaft wollen.«

Der Weg nach innen ist – zugegeben – in unserer lauten, schnellen Welt etwas schwierig geworden. Es bräuchte Stille und Zeit. Die schenken wir uns meistens erst, wenn wir erkranken. Als »Gesunde« haben wir keine Zeit für den inneren Dialog. Es ist weniger das Desinteresse des Partners, sondern vielmehr das Problem jedes Einzelnen, dass einander immer noch zu wenig in die Seelen geguckt wird. Der Schlüssel steckt meistens von innen.

»Ich versteh dich nicht, du exotischer Vogel!«
Kulturelle Unterschiede werden unterschätzt

Gegensätze ziehen sich an! Das ist absolut nachvollziehbar und reizvoll. In der Zeit der ersten Begegnung fasziniert uns Fremdes und exotisch Anmutendes. Schon deswegen kann man sich in Fremdes verlieben, weil da endlich etwas Neues ist, nicht so langweilig, spießig und gewöhnlich wie wir selbst. Aber leider können gerade diese faszinierenden Gegensätze zum Problem werden! Denn meistens steht hinter den kulturellen Gegensätzen auch ein geschichtlich anders geprägtes Denken. Schon innerhalb Europas ist es beeindruckend, wie unterschiedlich Beziehungsmuster beispielsweise in einer italienischen und in einer Familie, die nördlich der Alpen lebt, gestrickt werden. Und diese unterschiedlichen Muster geben dann oft unschöne Übergänge oder verhindern gar ein gleichmaschiges »Stricken«.

Wenn nun im Ehealltag mit einer anderen Logik und mit gegensätzlichen Grundmustern an die kleinen Dinge herangegangen wird, kommt es zwangsläufig zu Differenzen.

Wenn ein Partner einen zu großen »Heimvorteil« hat, so zum Beispiel bei Beziehungen mit Asylbewerbern, Partnerinnen und Partnern aus der Dritten Welt etc., ist die Gefahr groß, dass neben den kulturellen Unterschieden zusätzlich unglückliche finanzielle und persönliche Abhängigkeiten entstehen, die das Glück langfristig trüben. Dabei bewohnen keine bösen Menschen mit schlechten Absichten das Partnerschaftshaus, sondern unterschiedlich geprägte Wesen in völlig ungleichen Positionen!

Es braucht sehr viel Toleranz und Großzügigkeit vom Einzelnen, wenn über Jahre hinweg neben der normalen Komplexität einer Beziehung noch das Fremdartige integriert werden muss.

. . .

Die folgende Geschichte von Maria aus Santo Domingo und Turi aus der Ostschweiz gibt einen Einblick in diese Problematik.

Turi hatte diese äußerst attraktive Frau in Paris kennen gelernt. Er war hingerissen von ihrer eleganten Schönheit, dem mädchenhaften Körper mit der wunderbaren braunen Haut.

Erstes Warnzeichen:

Da hat ein Mann vorwiegend mit den Augen gewählt. Verständlich, dass diese wunderschöne, exotische Frau diesen weißen Mann fasziniert. Doch der Mann, in den Schweizer Bergen aufgewachsen, mit all den eigenwillig kulturellen Prägungen, übersieht, dass die Wiege dieser dunklen Frau an einem extrem anderen Ort stand, mit anderen Temperaturen, Düften, Meereswinden und ebenfalls eigenwilligen kulturbedingten Prägungen.

Maria war fasziniert vom Charme und der Großzügigkeit Turis. Sie amüsierte sich über seine vornehme Zurückhaltung und seine Liebe zum Detail. Zudem gefiel ihr seine Sprachgewandtheit. Sie konnten sich recht gut in Französisch und Englisch unterhalten.

Zweites Warnzeichen:

Auch Maria lässt sich von seinen Tugenden verführen. Natürlich weiß auch sie viel zu wenig über die Umgebung und die Enge, die diesen Mann geprägt haben. Aber es ist faszinierend, diesem fremden Wesen zu begegnen und dazu noch in einer fremden Sprache. Wie aufregend doch anfänglich alles sein kann. Jedes Wort hat etwas Fremdes und Faszinierendes zugleich. Was kümmert es, wenn schwierige und kompliziertere Sachen vielleicht gar nicht ausgesprochen werden können. Es zählen sowieso nur das Bild und die Großzügigkeit des Seins. Mit sprachlichen Ungenauigkeiten kann zu Beginn wunderbar den Kleinigkeiten und der Pingeligkeit des Einzelnen ausgewichen werden.

Als sie sich kennen lernten, hatte Maria bereits eine vierjährige Tochter. Turi hatte Freude an diesem lebendigen Kind und versuchte, Maria und ihre Tochter möglichst bald in die Schweiz zu »locken«. Maria aber hatte einen guten Job als Model und auch viele Freundinnen aus ihrer Heimat in Paris, und daher zögerte sie lange mit einem Umzug in die Schweiz, obschon sie Turi wirklich liebte.

Glücklicherweise arbeitete Turi auf dem Flughafen und konnte daher sehr günstig fliegen. So flog er fast jede freie Minute zu »seiner« Maria nach Paris und drängte immer wieder auf einen baldigen Umzug. Er war überzeugt, dass sie auch hier bald als Model arbeiten könnte. Zudem beteuerte er gegenüber Maria, dass er jederzeit bereit wäre, ihre Tochter zu adoptieren.

Drittes Warnzeichen:

Allein die Tatsache, dass Maria ein vierjähriges Kind hat und bereits während einiger Jahre eine allein erziehende Mutter ist, müsste sie vorsichtiger werden lassen. Ein großer Unterschied zwischen diesem ahnungslosen Junggesellen und diesen beiden Menschen aus Paris. In diesem Bunde müsste dringend und sorgfältig abgeklärt werden, ob auch Kind und zukünftiger Stiefvater wirklich zusammenpassen. Da macht sich vor allem Turi schon einiges vor, wenn er glaubt, ein Kind mit vier belebten Lebensjahren und bereits in mehreren »Heimaten« aufgewachsen, einfach so mit nach Hause nehmen und mit ihm eine Bilderbuchfamilie gründen zu können. Da werden die ersten Seiten des Lebensbuches des kleinen braunen Mädchens verdammt unsorgfältig durchgeblättert.

Maria unterstützte ihre jüngere Schwester in Santo Domingo. Diese war intelligent und besuchte dort eine höhere Fachschule. Die Eltern waren arm und wurden ebenfalls von Maria finanziell unterstützt, wann immer sie konnte.

Viertes Warnzeichen:

Auch diese scheinbare Nebensache wird sich später noch als ein gefährlicher Bumerang erweisen. Das Paar müsste dringend mit großer Ehrlichkeit über all diese Realitäten und ihre Folgen sprechen. Es wäre klug, wenn Maria in ganz konkreten Zahlen aussprechen würde, wie viel und wie lange sie ihre Familie unterstützen muss und will.

Vor der Übersiedlung in die Schweiz besuchte Maria Turi zweimal in seiner Heimat. Er bewohnte einen eigenen Hausteil in unmittelbarer Nähe seiner Eltern in einer kleineren ländlichen Gemeinde. Turis Eltern waren freundlich, aber zurückhaltend zu

Maria und ihrer Tochter. Zusätzlich war da auch ein Verständigungsproblem, denn die Eltern sprachen kein Englisch und nur wenig Französisch.

Fünftes Warnzeichen:

Stellen Sie sich diese faszinierenden Bilder vor: das extrem biedermännische, ländliche und traditionsreiche Nest von Turi – ein paar Schritte von seinem Elternhaus entfernt – mit der schwarzen, exotischen Frau von Welt und ihrer kleinen, lebhaften Tochter. Es liegt auf der Hand, dass die im Nachbarhaus wohnenden Eltern das zukünftige Zuhause von Maria mitprägen werden. Diesbezüglich müsste wohl vor allem Maria sehr kritisch sein und wünschen, sich nicht so nahe beim Clan ihres zukünftigen Mannes niederzulassen.

Doch wie die Liebe so spielt, zog Maria bald darauf in die Schweiz. Bereits in Paris lernte sie fleißig Deutsch, und bei ihrer Ankunft verstand sie die Landessprache schon ein wenig. Anfangs hatten Turi und Maria eine gute Zeit zusammen. Maria gefiel das großzügige Wohnhaus, und sie freute sich über Turis Aufmerksamkeit. Turi war mächtig stolz auf seine wunderschöne Frau und genoss auch die zaghafte Zuwendung ihrer Tochter. Damit Maria in der Schweiz bleiben konnte, aber auch um die Adoption der Tochter Melanie so rasch wie möglich in die Wege zu leiten, heiratete das Paar nach kurzer Zeit.

Die ersten Probleme entstanden dann wegen der Erziehung von Melanie. Turi war der Ansicht, dass sich das Kind möglichst schnell an Normen gewöhnen müsse und es daher klug wäre, wenn seine Erziehungsansichten mehr zum Tragen kämen. Maria aber war beunruhigt über seine »eidgenössische« Strenge und seine fixen Ansichten. Sie wehrte sich entschieden gegen Turis Einmischung. Schließlich war es ja ihre Tochter.

Sechstes Warnzeichen:

Ja, die Liebe kennt keine Grenzen. Schön und gut, aber sie macht auch blind. Hier wird zu vieles am helllichten Tag übersehen. Vater Turi will mit seinem Erziehungsstil möglichst schnell eine

> Normalität und Anpassung erreichen. Doch so leicht darf man
> ein junges Bäumchen nicht umpflanzen. Die beiden Partner
> tragen über die Erziehung etwas miteinander aus, was sie viel
> früher nächtelang hätten diskutieren müssen. Hätten sie einan-
> der besser zugehört, wäre ihnen vielleicht sogar vor der Heirat
> klar geworden, wie unterschiedlich ihr Denken, ihre Empfin-
> dungen und Wertmaßstäbe sind. Dadurch hätten sie miteinander
> mit Neugier und Liebe einen Konsens finden können. Leider
> beginnt nun bei Maria und Turi ein destruktives Machtspiel.

Ein weiterer Konflikt entstand wegen des Geldes. Maria wollte
wenigstens das Schulgeld für ihre Schwester weiterhin bezahlen.
Da sie vorerst in der Schweiz keine Arbeit fand, bat sie Turi, ihren
bisherigen Anteil zu übernehmen. Turi aber ärgerte sich über
diese ewigen Überweisungen. Darauf drängte Maria, möglichst
bald selbst arbeiten zu gehen. In der nahen Stadt fand sie einen
mäßig bezahlten Job in einer Hotel-Bar. Turi ärgerte sich abermals
über diese eigenmächtige Arbeitssuche und wehrte sich. Maria
aber wollte unbedingt arbeiten, um ihre Familie zu unterstützen.

> **Siebtes Warnzeichen:**
>
> Das musste wohl so kommen. Da wollte wieder einmal ein Mann
> eine Frau – ohne Geschichte und Vergangenheit – heiraten. Doch
> diese Frau hat eine prägende Geschichte. So gerührt Turi anfangs
> über das finanzielle Engagement von Maria für ihre Familie war,
> so schwierig ist es nun für ihn zu verstehen, dass in einem an-
> deren Land ohne tausendfache Versicherungen, Pensionskassen,
> Subventionen und Stipendien andere Bräuche herrschen. Für
> die familiäre Unterstützung in Santo Domingo hätten Turi
> und Maria bereits vor der Hochzeit eine Lösung aushandeln
> müssen.

Maria wollte mit ihrer Arbeit auch der Enge der ländlichen Ge-
gend entfliehen. Sie vermisste das Großstadtleben von Paris und
wollte dieser Stadt auch dringend ab und zu einen Besuch ab-
statten.

Weitere Probleme entstanden, weil Maria ihre kleine Tochter
jeweils nach Paris mitnehmen wollte. Turi aber war dagegen, dass

sie Melanie mitnahm, und fand, das Mädchen sei zu Hause besser aufgehoben, zumal seine Mutter das Kind während seiner eigenen Abwesenheit betreuen würde.

Achtes Warnzeichen:
Alle Vorkommnisse sind eigentlich logisch und nachvollziehbar. So auch das Verhalten und die Wünsche von Maria. Für Turi aber, so hautnah mit all den Konsequenzen und Auswirkungen im Alltag und im Zusammenleben konfrontiert, wird vieles schwieriger. Auch darüber, wie und wann die alten Beziehungen und Orte noch gepflegt werden, hätte rechtzeitig schon in Paris verhandelt werden müssen.

Damals in Paris hatten Maria und Turi eine schöne und lebendige Sexualität miteinander. Kein Besuch von Turi, ohne dass sie sich nicht auch körperlich sehr nahe waren. Für Maria wurde es aber schon bald nach der Ankunft in der Schweiz schwieriger, die sexuelle Lust mit Turi auszuleben. Irgendwie waren ihr Turi und seine Familie zu nahe und zu belehrend. Dauernd kamen gut gemeinte Ratschläge, und all diese vielen »Schläge« schlugen ihr auf den Magen. Sie litt immer häufiger unter Bauchschmerzen, und die sinnliche Lust verging ihr zusehends. Turi empfand diese »plötzliche« Lustlosigkeit als unfreundlich und lieblos. Langsam schmolz auch sein Charme dahin, und seine Aufmerksamkeit für Maria ließ nach. Was genau mit ihnen vorging, konnten beide nicht recht analysieren. Beide waren sehr enttäuscht vom anderen.

Neuntes Warnzeichen:
Auch die Tragik im sexuellen Bereich hat eine systemische Logik. Bei der Besuchs-Beziehung in Paris war verständlich, dass diese Rendezvous in der Stadt der Liebe leicht und sinnlich verlaufen konnten – ohne Störung – Liebe auf Zeit. Und nun in dieser Alltagsnähe sind die Umstände für Maria nicht mehr so einladend und begehrenswert. Eigentlich sind beide überfordert.

Problematisch wurden auch die Besuche in der Heimat von Maria. Turi konnte sich für die Normen und die Familienmentalität von Maria nicht so sehr erwärmen. Die Besuche waren ihm zu kostspielig und dauerten ihm zu lange. Im Übrigen fand er, passe ihm seine Rolle als »reicher Onkel« nicht mehr.

Immer wieder drängte er Maria, die Schweizer Kultur noch mehr anzunehmen und sich für dieses schöne Land zu interessieren, dies auch im Interesse ihrer Tochter.

> **Zehntes Warnzeichen:**
> Nun prallen die Kulturen immer krasser aufeinander. Nachvollziehbar die Wünsche von Maria und ihrer Familie, nachvollziehbar aber auch der Wunsch von Turi und seiner Familie. Kulturschock und Kulturprobleme. Da wären enorm viel Toleranz und Verständnis nötig, um die Gegensätze zu überwinden.

Ein weiteres Problem ergab sich zusätzlich aus dem Umstand, dass Turi sehr lange als Junggeselle gelebt hatte und sein gutes Salär für seine vielfältigen Freizeitaktivitäten einsetzen konnte. Er reiste gerne, kletterte, spielte Tennis etc.

Es bereitete Turi immer mehr Mühe, sich nun als Familienvater einzuschränken und seine freie Zeit und sein Geld vermehrt für anderes einzusetzen. Mit Besorgnis beobachtete er zudem, dass seine Maria, die eigentlich aus sehr armen Verhältnissen stammte, an Materiellem und Luxus großen Spaß bekam und unheimlich gerne bummeln und einkaufen ging. Immer mehr meinte Turi, sie bremsen zu müssen. Sie wurde traurig, dass ihr einst so großzügiger Besucher von Paris nun plötzlich so geizig und kleinlich wurde.

> **Elftes Warnzeichen:**
> Hätte Turi in Paris exakt hingeschaut, hätte er wahrscheinlich schon damals beobachten können, dass seine Maria fasziniert war von all den käuflichen Dingen und die Lust am Kaufen schon immer vorhanden war. Nur stand ihr damals nicht so viel Geld zur Verfügung, weil sie allein für ihre Tochter und ihre Schwester sorgen musste.
> Aber auch Maria hätte beim guten Zuhören vernehmen können, wie dieser Junggeselle seine Zeit sehr aufwändig und vielseitig nur für sich gestaltete. Es grenzt schon ein wenig an Überheblichkeit, wenn Verliebte glauben, nur aus Liebe würde jahrelanges Verhalten automatisch umgekrempelt werden.

Maria lernte bei ihrer Tätigkeit an der Bar verschiedene Menschen kennen, und vor allem erkannte sie auch wieder ihre Attraktivität. Es war jedoch mehr eine platonische Liebe zu einem jungen, aufgeschlossenen Franzosen, die sie veranlasste, den Schritt eines Neuanfanges zu wagen und die Scheidung einzureichen.

Turi wünschte, Maria käme endlich zur Vernunft und würde sich vermehrt den Normen und Umständen der Schweiz anpassen. Wenn sie nun aber unbedingt von ihm weggehen wollte, war er auch nicht sehr motiviert, sie finanziell weiter zu unterstützen. Zu viel hätte ihn diese Liebe bis dahin schon gekostet, konterte er ab und zu in den Scheidungsverhandlungen.

Es war übrigens schon die zweite Scheidung von Turi!

Offenheit und Transparenz

Der Mantel der Liebe bedeckt alle Fehler ...
JEAN PAUL

... bis es reichlich spät ist!
PETER ANGST

Es ist eine Illusion zu glauben, Paare wüssten mit der Zeit immer besser, wer der Partner ist und was in ihm vorgeht. Das Gegenteil ist längst erwiesen!

In der Zeit der Neugier und der Verliebtheit wissen Menschen oft mehr voneinander als später nach achtundzwanzig Ehejahren. Dann nämlich, wenn das Interesse nachlässt und man glaubt, sowieso alles vom anderen zu wissen.

Vor allem neue Gedankengänge und veränderte Gefühle werden vom anderen nur selten rechtzeitig wahrgenommen.

Daher kommt es in Eheberatungen immer wieder vor, dass beim Befragen eines Partners durch den Paarberater der oder die Nichtbefragte ganz verwundert ausruft: »Das hast du mir aber noch nie sooo erzählt, Schatz!« Darauf folgt meistens die Antwort: »Du hast mich aber auch noch nie sooo befragt, Schatz!«

Ist es überhaupt nötig, dass Paare absolute Offenheit und Transparenz pflegen und beide immer alles voneinander wissen? Ist es für ein gesundes Individuum nicht auch sinnvoll, wenn es eine gewisse Eigenständigkeit, kleine Geheimnisse und auch eine kleine Schmuddelecke für sich allein behält? Ja, eine eigene Intimsphäre ist für eine gesunde Beziehung absolut notwendig. Ist es nicht auch ein Vertrauensbeweis, wenn Partner nicht immer alles wissen wollen? Gegenseitiges Vertrauen in Bezug auf Unausgesprochenes zu haben, ist kostbar.

Und doch ist es für Beziehungen lebenswichtig, dass beide Partner in den Bereichen, die ihnen wirklich unter die Haut gehen, eine faire Offenheit üben. Das heißt, jeder Partner muss zuerst sein eigenes Denken und Fühlen begreifen und vermitteln können, was nicht immer einfach ist.

Welches sind nun aber diese wichtigen Bereiche, bei denen einander so sorgfältig und transparent in die Denkmuster geschaut werden darf und soll?

Grundsätzlich sollten es jene Themen sein, die in der Beziehung überlappen: die Sexualität, die gemeinsamen Räume, die gemeinsame Zeit und die gemeinsamen Kinder. Aber auch jene Themen, an denen sich Partnerschaftsstreitereien entzünden, die immer wieder zu Missverständnissen, Enttäuschungen und Ohnmachtsgefühlen führen.

Nehmen wir ein Beispiel: Ein Paar verletzt sich immer wieder gegenseitig wegen der Unpünktlichkeit des einen und der heftigen Reaktionen des anderen.

Nun ist es sinnvoll, dass dieses Paar sich gegenseitig mit schonungsloser Offenheit in einem guten Moment exakt erklärt, warum der eine Partner mit seiner Unpünktlichkeit immer wieder verletzt, obschon er oder sie eigentlich seinen Partner liebt. Was läuft nun ab, wenn sie oder er die Zeit nicht richtig einteilt? Ist es Unvermögen, ein Nie-gelernt-Haben, Gleichgültigkeit, ein Racheakt für eine eigene erlebte Verärgerung oder gar ein Wahrnehmungsproblem? Oder ist es ein unbewusstes Kompensieren für eigenes liebloses Warten? Tut es einfach der Seele gut, jemanden warten zu lassen, oder ist es gar eine Retourkutsche?

Wichtig sind aber vor allem die Gefühle desjenigen Partners, der sich beim Warten total minderwertig und lieblos behandelt fühlt, weil er vielleicht das schlechte Gefühl schon aus der Kindheit kennt (z. B. Menschen, die schon in der Kindheit zu lange auf den Vater warten mussten).

Vor allem wenn Gefühle wie Wertschätzung, Selbstwert, Achtung etc. verletzt werden, ist es besonders wichtig, dass diese Momente sorgfältig offen gelegt werden und versucht wird, gegenseitig zu verstehen, was jeweils vor sich geht.

Es tut jeder verletzten Seele unheimlich gut, wenn sie erleben darf, dass die andere Partnerseele endlich zuhört und bemüht

ist zu verstehen. Es ist entscheidend, dass echt hingehört und hingeschaut wird, wenn ein Partner sein Inneres offen legt und transparent macht. Ansonsten entsteht gleich eine neue Kränkung, die ein späteres Wiederöffnen der Seelenfenster fast nicht mehr möglich macht.

Ein weiteres Feld zum Thema Offenheit und Transparenz sind die Rollenspiele in Partnerschaften. Oft geraten Paare miteinander in die Falle von Gewohnheiten und spielen über lange Zeit selbst inszenierte Rollen. Jeder schlüpft in eine gewünschte Rolle und spielt dem andern weiß der Teufel was alles vor. So spielen Paare zum Beispiel wunderbar die Rollen von Mutter und Vater. Sie spielen sie so intensiv und beinahe perfekt, dass sie bald all die anderen Rollen, die es in Ehen auch noch zu spielen gäbe, vergessen.

Oder Männer spielen den fürsorglichen Ehemann so glaubhaft, dass von ihren Partnerinnen gar nicht beachtet wird, dass irgendwo ein »anderer Mann« sich leise davonschleicht, um außerhalb, sehr unfürsorglich, zum Beispiel am Roulettrisch Familiengeld zu verspielen oder um die Freierrolle im Rotlichtmilieu auszuleben.

Beide Geschlechter neigen zum Rollenspiel und tragen gerne Masken.

Oft teilen Paare einander Rollen zu, die sie anfangs gerne spielen: etwa die Rolle des »An-alles-Denkenden«, die Rolle des »hilflosen Jungen, der noch etwas bemuttert werden will«, die Rolle des »Immer-auf-alles-eine-Antwort-Findenden« oder vielleicht die Rolle des »Ich-verwöhne-dich-gerne-mehr-als-du-mich«, die Rolle des »Ich-weiß-was-dir-gut-tut«, die Rolle des »Sei-bitte-schwach-denn-ich-bin-bärenstark«.

Diese Rollen kleben manchmal so sehr an uns, dass wir uns kaum weiterentwickeln können. Wir sind besetzt!

Oder wir spielen gewisse Rollen so leidenschaftlich, dass wir gar nicht mehr merken, wie andere ungelebte Rollen noch in uns brachliegen.

Vielleicht braucht es auch ab und zu einen Blick von außen, um all diese konfusen und versponnenen Dinge des Einzelnen und des Paares besser erkennen zu können. Daher ist es ratsam, wenn Paare miteinander ab und zu gegenüber Freunden oder Fachleuten etwas offener und transparenter werden.

Offene Partnerschaften leben länger!

»Wir haben zu wenig miteinander geredet.«
Wenn das Gespräch fehlt, verstummt auch die Liebe

»Wer sich wirklich liebt – versteht sich auch ohne Worte!« Das mag in der Zeit des Verliebtseins zutreffen, da genügt es, einander in die Augen zu schauen, Küsse und Berührungen sind die Worte des »Gesprächs«. Später aber, auf dem langen Marsch, da müssen Partner miteinander kommunizieren. Da müssen Gedanken, Ängste, Wünsche, Hoffnungen und Bedürfnisse in Form eines Gespräches mitgeteilt werden. Stumme Fische können wohl miteinander weiterschwimmen, aber es fehlt der Austausch. Und Beziehungen leben und beglücken sich nun mal durch ein reges Hin und Her. Paare, die lange Zeit nicht mehr miteinander im Gespräch sind, trocknen aus. Der Fluss versiegt. Wenn zwei Partner nur schweigen, verstummt auch die Beziehung. Und verstummte Beziehungen sind krank!

Tragisch ist auch, wenn ein Partner immer wieder das Gespräch verweigert und die Verweigerung als schlimmes Druckmittel benützt: »Mit dir rede ich nicht mehr!« Auch wenn dieser seine Gründe zu haben meint, ist es höchste Zeit, zusammen in eine Beratung zu gehen, denn eine Beziehung, in der Gespräche verweigert werden, wird oder ist schon krank.

In Partnerschaften, in denen viele Themen nicht mehr angesprochen werden können oder dürfen, wird die Kraft des Paares stark reduziert. Es ist, wie wenn Motoren nicht mehr auf allen Zylindern laufen.

Schlimm ist es ebenfalls für Kinder, wenn Eltern verstummen, denn die Sprache und der Austausch sind für jeden heranwachsenden Menschen lebenswichtig.

Wie ist es nun aber bei übereinstimmenden, harmonischen Partnern? Wenn beide Partner das Gleiche zu sagen haben, gibt es auch keinen Dialog! Es braucht zwei Meinungen und unterschiedliche Wahrnehmungen. Vielleicht hat die Natur die Frauen und Männer deshalb so verschieden geprägt, damit sie im Austausch bleiben, unterschiedlich wahrnehmen und einander daher so vieles mitteilen können. Vielleicht ist es ähnlich wie mit den

Augen. Erst durch zwei Augen können wir die wirkliche Tiefe eines Bildes erkennen.

Mit Wehmut denke ich an das folgende Paar: zwei liebenswerte und an sich sehr partnerschaftsfähige Menschen ...

. . .

Andreas und Cornelia: ein warmherziges und freundliches Paar. Sogar noch in der Scheidungsberatung brachte kein Partner je ein böses oder hartes Wort über die Lippen. Stumm leidend saßen sie da und gaben so gut es ging auf Fragen eine Antwort. Cornelia war die treibende Kraft für die Scheidung. Eigentlich liebte sie Andreas immer noch, aber sein Schweigen konnte sie nicht mehr länger ertragen.

Sie lernten sich in einem Fitnesstraining kennen. Beide waren sportlich und legten Wert auf eine gepflegte Erscheinung.

Von den sportlichen Leistungen Andreas' war Cornelia anfangs begeistert, aber auch sein schöner athletischer Körper gefiel ihr. Zudem hatte er eine zurückhaltende, freundliche Art, die sie ansprach. Er war auch nicht so großmäulig wie einige Kollegen im Club, eher geheimnisvoll schweigsam.

Gerade das passte Cornelia. Andreas machte ihr keine Angst, und so getraute sie sich, ihn zu entdecken. Sie war es, die ihn ansprach und auch verführte.

Erstes Warnzeichen:
Ja, schweigsame Partner sind auch geheimnisvoll. Es lässt sich wunderbar in sie hineinprojizieren. Sie verraten sich (noch) nicht. Zudem machen sie Menschen, die selbst nicht allzu gern kommunizieren, weniger Angst. Nicht umsonst finden sehr oft stumme Fische zueinander.

Andreas war diese hübsche, ebenfalls eher zurückhaltende Frau auch sehr sympathisch. Sie überfuhr ihn nicht, ließ ihm Zeit. Er hatte bei ihr auch nicht das sonst so lästige Gefühl, sofort schwatzen zu müssen. Sie konnten miteinander schweigen.

Andreas war in einer eher schweigsamen Familie auf einem abgelegenen Hof aufgewachsen. Gesprochen wurde vor allem, was unbedingt gesagt werden musste.

Der Umgang in seiner Herkunftsfamilie war grundsätzlich freundlich und knapp. In der Schule war er zwar ein aufmerksamer, guter Schüler, beteiligte sich aber wenig an mündlichen Themen. Auch wenn er innerlich engagiert war. Die anderen waren immer viel schneller.

> **Zweites Warnzeichen:**
> Die Schweigsamkeit wird oft in der Herkunftsfamilie erlernt. Großes Schweigen ist vererbbar. Es braucht wirklich viel Anstrengung, ein in der Kindheit verpasstes Übungsfeld später noch nachholen zu müssen.

Cornelia und Andreas hatten zu Beginn eine recht schöne Zeit. Sie liebten einander und gingen sehr sorgsam miteinander um. Beide waren sehr tüchtig, und es gab bei der Verteilung von Aufgaben nie Probleme.

Auch als sie dann heirateten, war sehr bald klar, wer was übernahm. Die Lasten wurden problemlos verteilt.

> **Drittes Warnzeichen:**
> Diese schlauen, stummen Fische wissen sehr wohl, wie mit möglichst wenig Worten umgegangen werden kann. Nonverbal teilen sie alles auf und geben einander keine Widerstände, nur damit sie nicht sprechen MÜSSEN.

Und doch merkte Cornelia bald, dass sie zwar einen sehr liebenswerten Mann, aber ebenfalls einen stummen Fisch gewählt hatte. Zwar konnten sie über Aktuelles reden oder einander über die tägliche Arbeit erzählen. Organisatorisches wurde ohne große Worte besprochen und rasch entschieden. Sie waren keine Partner der vielen Worte. Aber der Austausch von tieferen Gedanken war beschwerlich und mühsam. Über Gefühle zu sprechen, fiel ihnen beiden besonders schwer.

Viertes Warnzeichen:

Natürlich gibt es einen Unterschied zwischen Alltags-, Organisations- und Beziehungsgesprächen. Viele Menschen können gut über das Wetter reden, aber bei Gefühlen und persönlichen Empfindungen stockt das Gespräch.

Cornelia begann unter der Sprachlosigkeit zu leiden und bat Andreas, doch in eine Ehetherapie zu kommen. Andreas war nicht gerade begeistert, ging aber seiner Partnerin zuliebe mit. Die Psychologin war eine liebenswerte Frau, fragte viel, und beide gaben darauf Antwort. Doch wenn sie wieder alleine zusammen sprachen, waren immer noch keine »tieferen« Gespräche möglich. Resigniert brachen sie nach acht Sitzungen die Beratung ab.

Fünftes Warnzeichen:

Ja, so leicht lässt sich diese fehlende »Musikalität« nicht nachholen. Es ist fast wie beim Erlernen eines Instruments. Mit nur acht Übungsstunden beherrschen die wenigsten ein Instrument. Die Ehetherapeutin hätte mit Cornelia und Andreas wohl besser ein Kommunikationstraining begonnen. Aber das war wohl nicht ihr Feld.

Das Paar hatte keine Kinder. Sie reisten gerne, und das erlebten sie jeweils als eine positive Zeit. Auf Reisen konnten sie besser miteinander umgehen. Sie waren geduldig und froh, wenn der andere etwas kommentierte. Es gab einiges zu beobachten und zu erleben.

Sechstes Warnzeichen:

Häufig geht es stummen Paaren besser, wenn sie ein gefülltes Programm haben. Da muss nicht viel geredet werden, weil genügend läuft.

Kaum waren sie aber zu Hause, und der Alltag hatte sie wieder im Griff, trat erneut das große Schweigen ein. Cornelia besuchte einen Kurs über Kommunikation und lernte Fragen zu stellen. Andreas beantwortete sie – so gut es ging – mit ja oder nein. Es war für Cornelia zum Heulen und Davonlaufen.

Siebtes Warnzeichen:
Nachfühlbar, das Dilemma der beiden Partner. Fragen allein genügen nicht. Andreas müsste lernen, seine Denkfenster selbst zu öffnen. Vielleicht erst einmal mit lauten Selbstgesprächen?

Andreas bemerkte sehr wohl, was Cornelia fehlte, doch er war nun mal kein Kommunikator. Die Unzufriedenheit seiner Partnerin nervte ihn immer mehr. Sie hatten doch alles: Keine Geldsorgen, sie hatten sich liebevoll eingerichtet und ab und zu ein bisschen Sex. Was sollte dieses ewige Quatschen? Und je mehr seine Partnerin auf diese Schwachstelle hinwies, desto mehr versteckte sich Andreas hinter seinem Beruf und seinen Freizeitbeschäftigungen. Er war ein trainierter Läufer und joggte gerne. Immer öfter rannte er abends weg, aus Angst, es würden wieder bohrende Fragen auf ihn zukommen.

Achtes Warnzeichen:
So wird die Luft für Andreas ebenfalls dünn. Es ist bedrohlich, wenn ausgerechnet in einem persönlichen Befinden ständig gefordert wird. Joggen etwa deswegen so viele Männer, weil sie nicht sprechen wollen oder können?

Cornelia wurde Andreas' Flucht sehr wohl bewusst. Sie verstummte zusehends. Aber mit dem großen Schweigen ging auch die Lust auf Intimität verloren. Dies alles verhärtete die Fronten in ihrer Beziehung. Cornelia ertappte sich dabei, wie sie tiefe Sorgen und Intimes lieber mit Drittpersonen besprach als mit Andreas, dies verursachte wiederum Schuldgefühle.

Neuntes Warnzeichen:
Die Lust auf Sexualität zu verlieren in dieser Situation, liegt auf der Hand. Denn lebendige Gespräche und Sexualität gehören in Partnerschaften oft zusammen. Auch die Verlagerung tiefer Gespräche außer Haus ist verständlich, kann jedoch für Partnerschaften gefährlich sein. Denn die Gespräche werden so am falschen Ort geführt.

Resigniert und enttäuscht reichte Cornelia nach sechs Jahren Ehe die Scheidung ein.

Neugier auf die Denkmuster und die seelische Befindlichkeit meines Partners

Die Liebe besteht
zu drei Viertel aus Neugier.
GIACOMO CASANOVA

»Was denkst du gerade jetzt?« ist eine Frage, die bei Verliebten noch oft gestellt wird. Natürlich immer ein wenig in der Hoffnung, der Partner würde wieder etwas ganz Tolles denken …

Leider lässt dieses Interesse bei Paaren bald nach. Man weiß ja bereits, was der andere denkt, und hat doch schon hundert Mal seine Sätze gehört.

Diese gegenseitige Neugier und Anteilnahme wäre aber enorm wichtig, denn sie erhält die Beziehung gesund, weckt neue Gedanken und hilft, Missverständnisse sowie Fehlentwicklungen zu verhindern. Es ist ein Teil der Liebe!

Jedes gute Gespräch lebt von guten Fragen. Die Kunst, zur rechten Zeit die richtige Frage zu stellen, ist eine große Begabung. Es ist aber nicht notwendig, ein exzellenter Gesprächstherapeut zu sein, um seinem Partner ab und zu liebevoll ein paar Fragen zu stellen. Schon die simple, aber ernst gemeinte Frage »Wie geht es dir eigentlich wirklich?« kann sehr wohltuend und Gewinn bringend für ein Paar sein. Dabei geht es nicht um ein absolutes »Outen«, denn kleine Geheimnisse dürfen und sollen ja möglich sein.

Weil solche Fragen im Privaten häufig nicht gestellt werden, suchen immer mehr Menschen psychologische Dienstleistungsstellen auf: Dort wird dann professionell gefragt und professionell zugehört. Und den Hilfesuchenden scheint es gut zu tun, weil sie dadurch das Gefühl bekommen, endlich von jemandem verstanden zu werden.

Doch was nützt es eigentlich, von einem wildfremden Therapeuten verstanden zu werden, nicht aber von dem Menschen, den wir ausgewählt haben, uns ein großes Stück des Weges zu begleiten?

Sehr viele Menschen, die Therapien und Beratungen beanspruchen, fühlen sich zu Hause nicht verstanden und leiden darunter. **Dabei sehnen wir uns, dass wir von dem Menschen, der uns am nächsten ist, wenigstens ein bisschen verstanden werden.**

Zugegeben, es ist natürlich schwierig, den Partner verstehen zu können, wenn sein Denken meine eigenen Interessen einengt oder ihnen gar zuwiderläuft.

Trotzdem liegt hier der Zauber für gesunde Partnerschaften verborgen. Es kann doch nicht sein, dass unter lebendigen und eigenwilligen Menschen die Interessen immer parallel laufen. Immer wird es unterschiedliche Entwicklungen geben, welche es rechtzeitig zu erkennen und zu überbrücken gilt. Dafür braucht es Mut, die unterschiedlichen Dinge auch sehen zu wollen. Meistens liegen die Interessen nur wenig auseinander. Und mit Leichtigkeit und etwas Phantasie könnten die Betroffenen beide Welten überbrücken.

Vielmehr sind es übertriebene Befürchtungen und alte Ängste vor neuen Verletzungen, die verhindern, einander rechtzeitig in die Denkfenster gucken zu lassen. Wie kleine Kinder drücken wir oft die Augen zu, in der Hoffnung, dass, wenn wir sie dann öffnen, alles wieder in Ordnung sein wird.

Vielleicht verlieren wir auch die Neugier auf die Gedanken des Partners, weil wir uns heute von einer irrsinnigen Flut von banalen News überfluten lassen. So »outen« sich zum Beispiel in irgendwelchen Fernsehkanälen Leute über ihr gestörtes Verhältnis zu Meerschweinchen oder tun ihre Sorge über den zu kurzen Penis kund, und viele kostbare Stunden für eigene Partnergespräche gehen bei dieser »Fremdanteilnahme« verloren. Über das sensible, vielleicht einsame Innendenken des Partners aber wissen wir oft verdammt wenig. Es genügt einfach nicht, wenn Paare vier bis sieben Minuten täglich Konversation betreiben. Verstehen wollen und sich verstanden fühlen braucht seine Zeit.

Wäre es nicht auch klüger, Paare würden ein paar Stunden weniger arbeiten und diese gewonnene Zeit miteinander austauschen, als dann später mühsam die vernachlässigten Seelen wieder durch teure therapeutische Gespräche heilen zu wollen?

Leider enden oft zu spät geführte Partnerschaftsgespräche in unversöhnlichen Streit- und Scheidungsgesprächen. Zu viele Menschen reden erst, wenn ihnen »innen« alles wehtut.

Ja, dieses rechtzeitige Investieren in das gegenseitige Verstehen-Wollen wäre schon rein buchhalterisch für viele Paare sehr interessant, abgesehen von all den frustrierten und enttäuschten Lebensstunden, die man sich hätte ersparen können.

Friedrich Glasl schreibt in seinem Buch ›Selbsthilfe in Konflikten‹ kurz und bündig:

»Der Schlüssel zu allen Veränderungen ist – das Einfühlungsvermögen in den anderen.«

»Muss ich denn für all deinen alten Mist herhalten?«
Altlasten und ungünstige Umstände können junge Paare belasten

Wenn zwei junge Menschen einander begegnen und eine nagelneue Beziehung aufbauen wollen, ist leider nicht alles jungfräulich neu. Viele alte Verletzungen, Beziehungserfahrungen, dumme Angewohnheiten und sonstige ärgerliche Ticks sind schon da und prägen wacker mit.

All die Jugendjahre sind voll von guten und schlechten Begegnungen. Und je nach den gemachten Erfahrungen sind wir gutgläubig und vertrauensvoll oder eben misstrauisch und verletzt. Daher ernten Partner eigentlich immer die Geschichte des anderen! Entweder ernten sie gute und liebenswerte Taten und sind glückliche Nutznießer oder eben: Sie haben Pech und müssen viele Gemeinheiten und tiefe Verletzungen ausbaden, die man dem Auserwählten früher zugefügt hat.

Die erste Begegnung mit dem anderen Geschlecht machen heranwachsende junge Menschen in der Regel in der eigenen Familie, mit der Mutter, dem Vater oder den Geschwistern. Ihre Haltung mit ihren Stärken und Schwächen prägen die jungen Seelen und deren Umgang mit dem anderen Geschlecht. Aus diesem Grund spielen unsere Mütter und Väter in unseren Partnerschaften oft eine erschreckend große Rolle. Ab und zu höre ich von weiblicher Seite: Frauen haben ein Urproblem, sie haben einen Vater! Dem ist nichts zuzufügen als lapidar festzustellen: Und Männer haben eine prägende Mutter!

Aber natürlich darf man dabei auch die Geschwister, Freunde, Lehrer, Chefs, spätere Liebschaften und andere schwierige Menschen nicht vergessen. Sie alle mischen tüchtig mit, und ihre guten und schlechten Spuren sind ebenfalls sehr prägend.

Die folgende Geschichte ist eine von vielen, in denen frühere destruktive Prägungen und ungünstige Umstände ein Paar zum Scheitern brachten. Sie pickt nur wenige Aspekte des weiten Feldes von prägenden Vorgeschichten heraus.

. . .

Jörg kam aus sehr einfachen und ärmlichen Verhältnissen. Die Mutter war allein erziehend und musste viel arbeiten. Zum abwesenden Vater hatte Jörg wenig Kontakt. Die Schule durchlief er mäßig, und auch seine Mechanikerlehre hat er nie beendet. Aber Jörg hatte sich durchgeboxt, brachte es trotz mangelnder Schulbildung bald zum erfolgreichen medizinischen Vertreter und erzielte ein gutes Einkommen.

Ruth wuchs als jüngstes Kind in einer angesehenen und frommen Familie auf. Sie litt aber schon als Kind darunter, dass ihr älterer Bruder viel mehr Platz einnahm und später völlig selbstverständlich für die Firmennachfolge des Vaters ausgewählt wurde, obwohl sie mit ihrer beruflichen Ausbildung ebenfalls dazu geeignet gewesen wäre.

Ruth verliebte sich in Jörg, weil sie beeindruckt war von seiner Lebenstüchtigkeit und seinem frechen Erscheinungsbild. Aber auch Jörgs starke Gefühlsausbrüche und gleichzeitig seine Feinfühligkeit faszinierten sie. Sie selbst hatte eine strenge Erziehung genossen und früh gelernt, wie man sich zu benehmen hatte. Die Eltern waren sehr fromm, so dass viele christliche Grundsätze das Verhalten der kleinen Ruth prägten.

Umgekehrt war Jörg fasziniert vom gehobenen familiären Hintergrund und dem beherrschten Benehmen von Ruth. Aber auch die Schulbildung von Ruth beeindruckte ihn.

Beide hatten anfänglich viel Verständnis für all die Verletzungen, Kränkungen und Defizite, die jeder aus seiner Herkunftsfamilie mitbrachte.

Als es dann zu Widerstand von den Familien gegen ihre Beziehung kam, verbündeten sich die beiden gegensätzlichen jungen Menschen erst recht, und bald kündigte sich bei Ruth auch schon die Geburt des ersten Kindes an.

Zweites Warnzeichen:
Auch Verletzungen und Defizite können verbindend sein. Es ist nachfühlbar, wie diese beiden jungen Menschen fasziniert sind von den Begabungen, aber auch von den Altlasten des anderen. In der Zeit der Verliebtheit ist man ja so verständnisvoll und einfühlend, dass es wirklich zu tiefen, wohltuenden Übereinstimmungen kommen kann. Die anfänglich verbindenden Defizite können später grobe Risse und Trennungen verursachen. Leider!

Eigentlich ging es die ersten Jahre recht gut. Ruth war eine sehr engagierte und fürsorgliche Mutter und »bemutterte« auch liebevoll ihren zu kurz gekommenen Jörg.

Drittes Warnzeichen:

Natürlich ist es für die eher etwas vernachlässigte Kinderseele von Jörg schön, so liebevoll und fürsorglich von Ruth verwöhnt zu werden. Dieses »Bemuttern« legt häufig aber auch gefährlich einseitige Bahnen in jungen Partnerschaften, denn das Nehmen und Geben zwischen den erwachsenen Menschen wird ungleich verteilt. Es entstehen Mutter-und-Sohn- oder Vater-und-Tochter-Verhältnisse. Und wer viel macht und gibt – bekommt mit der Zeit bekanntlich viel Macht!

Problematisch wurde es, als Jörg von seiner Firma wegen Fehlern und mangelnder Verkaufsleistungen immer mehr unter Druck geriet. Nach Einschätzung von Jörg lag es daran, dass der Verkauf einfach immer härter wurde und er deswegen immer mehr Mühe hatte, sein Soll zu erfüllen.

Viertes Warnzeichen:

In den vergangenen Jahren wurden viele Arbeitsplätze härter. Mit immer weniger Menschen muss immer mehr geleistet werden, und das setzt den einzelnen Arbeitnehmer unter einen unerhörten Druck. Viele junge Familienväter geraten in diese Mühle, und einen großen Teil dieses enormen Druckes müssen dann auch die Familien aushalten. Oder eben, sie gehen zugrunde.

Wenn Jörg unterwegs war und auswärts übernachten musste, saß er abends noch lange in Bars, fühlte sich einsam wie damals in seiner Kindheit, als die Mutter abends arbeiten ging. Und so trank er oft mehr, als es für seinen Geist und Körper gut war. Jörg merkte selber, dass er eigentlich zu viel trank. Es kam vor, dass er berufliche Termine wegen des Trinkens und dessen Folgen verpasste. Dies ärgerte ihn zutiefst. Als dann der Druck der Geschäftsleitung zunahm, musste er sich erst recht ab und zu »entspannen«.

Einerseits hatte Ruth Verständnis für die Sorgen ihres Mannes, andererseits ärgerte sie sich aber sehr über sein Verhalten und seine Kompensationen. Mit christlicher Liebe und strenger, fürsorglicher »Kontrolle« versuchte sie, ihn wieder auf den rechten Weg zu bringen. Er aber hasste gerade diese religiöse Art und die enge Fürsorglichkeit, so dass er öfters auswärts übernachtete.

Nach Ansicht von Jörg war seine Ruth sexuell sehr zurückhaltend und nicht sehr lustfreundlich. Für ihn war dieser religiöse »Langzeitschaden«, wie er es nannte, ein großes Ärgernis, und ab und zu kompensierte er im Rotlichtmilieu. Die strenge Kontrolle von Ruth spürte diese finanziellen und erotischen Ausschweifungen bald auf, und die Gegensätze verhärteten sich.

Sechstes Warnzeichen:

Die unterschiedlichen sexuellen Bedürfnisse schlagen auch bei Jörg und Ruth ihre Kerben. Tragisch ist, dass beide mit den Altlasten des anderen überfordert sind. Beide Partner würden eigentlich viel Verständnis benötigen, um alte Defizite innerhalb der Partnerschaft ausgleichen zu können.

Vielleicht hätte Jörg in seiner beruflich schwierigen Zeit wirklich mehr Zärtlichkeit und sexuelle Befriedigung sowie Bestätigung nötig und weniger fürsorgliche Kontrolle. Aber auch Ruth hätte für ihre »Heilung« von den eigenen familiären Kränkungen eine besonders verständnisvolle Partnerschaft nötig, um ihre Mankos abbauen zu können.

Ruth warf ihrem Jörg vor, verwahrlost, familienunfähig und Alkoholiker zu sein.

Jörg warf Ruth vor, eine verklemmte fromme Helene zu sein und ihren ganzen alten Frust über die Ungerechtigkeiten seitens des Vaters an ihm zu rächen. Statt dass sie einmal tüchtig zu Hause auf den Putz haue, müsse er dauernd die alten Geschichten ausbaden.

Siebtes Warnzeichen:

Die gegenseitigen Vorwürfe verhärten sich. Psychologen sagen zwar, dass auch in den Vorwürfen eine Chance sei ... Natürlich leiden die beiden unter ihren Altlasten, doch wenn es ihnen

> gelingen würde, in der Gegenwart ihre Beziehung positiv und
> ergänzend zu gestalten, dann würden diese alten Defizite nicht
> so bedrohlich destruktiv.

Jörg wurde von seinem Arbeitgeber vor die Wahl gestellt, entweder eine Kündigung zu akzeptieren oder mit einer massiven Lohneinbuße weiterzuarbeiten. Da Jörg keine Ausbildung hatte, wusste er nur zu gut, dass er keine große Auswahl in anderen Tätigkeiten haben würde, und so nahm er die schlechteren Bedingungen an. Das Geld für die junge Familie wurde knapp. Ruth bekam – ohne darum zu bitten – finanzielle Unterstützung von ihrer christlichen Familie. Durch diese Spenden und Almosen verhärtete sich der Graben zwischen dem Paar noch mehr. Ruth kam auch wieder in die alte elterliche Abhängigkeit, die sie eigentlich ablehnte, und nannte Jörg einen Versager.

Als dann der erfolgreiche Bruder mit dem elterlichen Geschäft noch Bemerkungen über ihren finanziellen Bankrott machte, war dies wiederum Salz auf ihren alten Wunden.

Sie wollte aber den beiden Kindern ein »anständiges« Zuhause bieten, und daher nahm sie das Geld an.

> **Achtes Warnzeichen:**
> Dass nun ausgerechnet die Familie von Ruth aushelfen »darf«
> und damit beide in ihrer Selbstständigkeit gekränkt werden, liegt
> auf der Hand. Hilfe von der Seite, von der man sich eigentlich
> ablösen möchte, ist immer problematisch. Für beide Partner ist
> die Situation schlimm. Nun wäre ein Zusammenhalten erst recht
> nötig. Doch leider sind beide zu sehr unter Druck. Eine gute
> und neutrale Hilfe von außen wäre nun angezeigt. Aber Jörg ist
> so gekränkt, dass er sich wenigstens im Privatbereich nicht
> dreinschwatzen lassen will.

Als dann Jörg eine »Trösterin« fand und aus diesem Grund noch mehr extern arbeiten und übernachten musste, reichte Ruth die Scheidung ein.

Einander so wahrnehmen,
wie man gegenwärtig ist

Machen wir uns nichts vor, wir schummeln oft gerne zu unserem eigenen Vorteil. Dies ist auch weiter nicht schlimm. Schließlich müssen wir mit uns selbst lebenslänglich klarkommen; gar nicht immer so eine leichte Sache, achtzig und mehr Jahre in der Haut einer schwierigen Person zu stecken. Aber wir können uns nun mal nicht auswechseln. Daher hat der Mensch auch ein bisschen Anrecht auf Verdrängung und ein bisschen Aufrunden zu seinen eigenen Gunsten!

Auch in einer Partnerschaft darf ein wenig miteinander gemogelt werden zu Gunsten der eigenen Wohlbefindlichkeit. Ein Paar, das sich meistens für das beste Paar aller Zeiten hält, fühlt sich bedeutend wohler als alle anderen grauen Mäusepaare rundherum. Na und? Warum auch nicht miteinander ein wenig aufrunden. Was nützt es, wenn Paare einander immer alle Unvollkommenheiten um die Ohren hauen? Wenn dauernd genörgelt und kritisiert wird, dann geht es uns doch wie den Kids in der Pubertät. Wir schleichen uns davon! Oder wir werden immer passiver!

Hingegen tut es uns gut, einander trotz allem auch immer wieder einmal gutes Feedback zu geben, sofern noch ein kleines Fünkchen Begeisterung in der Luft liegt. **Positives muss gegenseitig auch angesprochen und ausgesprochen werden.**

Wenn ein Paar gegenseitig die Eigen- und Fremdeinschätzung ausspricht, kann dies eine wertvolle Bereicherung sein. Man muss sich weniger verstellen. »Nimm mich so – wie ich bin«, trällert ein alter Schlager der Sechzigerjahre ...

Der folgende Partnerschaftsbogen »Was liebe ich an meinem Partner?« kann mithelfen, die Eigen- und Fremdeinschätzung besser aufzuzeigen.

Zudem ist es für jedes Paar immer wieder interessant zu sehen, wie und was vom anderen wahrgenommen wird.

Doch Vorsicht: Allzu ernst sollten solche »Selbstanalysen« nicht betrieben werden.

Es soll nur eine Anregung sein und auch ein wenig Spiel:

Wie nimmst du mich exakt wahr?

Wie nehme ich dich exakt wahr?

Was liebe ich an meinem Partner/an meiner Partnerin?

	wenig	sehr
Seinen/ihren Körper	1 2 3 4 5 6 7 8 9 10	
Sein/ihr Gesicht	1 2 3 4 5 6 7 8 9 10	
Seine/ihre Stimme	1 2 3 4 5 6 7 8 9 10	
Seinen/ihren Duft	1 2 3 4 5 6 7 8 9 10	
Seine/ihre Zärtlichkeit	1 2 3 4 5 6 7 8 9 10	
Seine/ihre Sexualität	1 2 3 4 5 6 7 8 9 10	
Seine/ihre Fantasie	1 2 3 4 5 6 7 8 9 10	
Seine/ihre Wärme	1 2 3 4 5 6 7 8 9 10	
Seine/ihre Nähe	1 2 3 4 5 6 7 8 9 10	
Seine/ihre Genussfähigkeit	1 2 3 4 5 6 7 8 9 10	
Seine/ihre Sinnlichkeit	1 2 3 4 5 6 7 8 9 10	

_____

Seine/ihre Kommunikationsfähigkeit	1 2 3 4 5 6 7 8 9 10
Sein/ihr Nachfragen	1 2 3 4 5 6 7 8 9 10
Sein/ihr Gedanken-Ausdrücken	1 2 3 4 5 6 7 8 9 10
Sein/ihr Gefühle-Äußern	1 2 3 4 5 6 7 8 9 10
Sein/ihr Einfühlungsvermögen	1 2 3 4 5 6 7 8 9 10
Sein/ihr Feedback-Geben	1 2 3 4 5 6 7 8 9 10
Seinen/ihren Humor	1 2 3 4 5 6 7 8 9 10

_____

Seine/ihre Toleranz	1 2 3 4 5 6 7 8 9 10
Seine/ihre Aufmerksamkeit	1 2 3 4 5 6 7 8 9 10
Seine/ihre Intelligenz	1 2 3 4 5 6 7 8 9 10

	wenig	sehr
Seine/ihre Geduld	1 2 3 4 5 6 7 8 9 10	
Seinen/ihren Beruf	1 2 3 4 5 6 7 8 9 10	
Seine/ihre Hobbys	1 2 3 4 5 6 7 8 9 10	
Seine/ihre Weltanschauung	1 2 3 4 5 6 7 8 9 10	
Seine/ihre Gedächtnisfähigkeit	1 2 3 4 5 6 7 8 9 10	
Seine/ihre Fürsorge	1 2 3 4 5 6 7 8 9 10	
Seine/ihre Wertschätzung	1 2 3 4 5 6 7 8 9 10	
Seine/ihre Wahrnehmung	1 2 3 4 5 6 7 8 9 10	
Seine/ihre Initiative	1 2 3 4 5 6 7 8 9 10	
Seine/ihre Kreativität	1 2 3 4 5 6 7 8 9 10	
Seine/ihre Zuverlässigkeit	1 2 3 4 5 6 7 8 9 10	
Seine/ihre Neugier	1 2 3 4 5 6 7 8 9 10	
Seine/ihre Pünktlichkeit	1 2 3 4 5 6 7 8 9 10	

_____

Seinen/ihren Partnerschaftssinn	1 2 3 4 5 6 7 8 9 10	
Sein »Vater-sein«	1 2 3 4 5 6 7 8 9 10	
Ihr »Mutter-sein«	1 2 3 4 5 6 7 8 9 10	
Seinen/ihren Familiensinn	1 2 3 4 5 6 7 8 9 10	
Seine/ihre Spielfreudigkeit	1 2 3 4 5 6 7 8 9 10	

_____

Hoffentlich haben Sie gegenseitig schwache und starke Punkt-
zahlen gefunden. Bei niedrigen Zahlen sind vielleicht noch kleine
Wünsche und Anregungen versteckt. Sie könnten Veränderungen auslösen. Vielleicht aber sind Sie auch erstaunt über die hohen Auszeichnungen und die Wertschätzung, die Sie vom Partner
bekommen haben. Wunderbar!

»Bin ich da, um dir zu dienen?«
Hotel-Mama-Kinder ärgern sich

Faire Partnerschaften beginnen schon in der Kindheit! Dort müsste den Kids beigebracht werden, dass auf diesem Planeten das
Nehmen und Geben nur im Wechselspiel funktionieren kann.

Leider neigen wir in unseren gegenwärtigen Kleinfamilienkulturen dazu, die Kinder über Jahre hinweg in den Mittelpunkt des Familiengeschehens zu stellen. Liebevoll werden Kinder von Müttern und Vätern mehr bedient und gepflegt, als diese je einander pflegen. Dass diese über-bedienten Prinzen und Prinzessinnen später nicht so recht mit dem neuen System von Geben und Nehmen einer gleichwertigen Partnerschaft zurechtkommen, liegt auf der Hand. Sie sind mehr auf Service und Pflege eingestellt und weniger auf das Erbringen eigener Dienstleistungen. Diese »überbetreuten« Menschen können nicht mehr staunen und sich erfreuen an allem, was DA ist, sondern leiden unter allem, was FEHLT.

Daher ist einigen von ihnen das Spiel von Geben und Nehmen oft bald zu mühsam …, denn Mama und Papa lassen sich nicht so leicht ersetzen.

. . .

Eigentlich wären sie eine Bilderbuchfamilie gewesen. Er: groß, keckes, selbstsicheres Auftreten, fordernd, intelligent und beruflich erfolgreich. Sie: schlank, hellwach, intelligent, fordernd – eine stolze, schöne Frau. Zu Hause ein gesundes, lebendiges Kleinkind: die zweijährige Priska. Nun sitzen Remo und Christine in einer Praxis für Mediation und tun sich sehr schwer mit dem Aushandeln von Scheidungsvereinbarungen. Beide drohen immer wieder mit Abbruch und mit dem Einbezug von Anwälten. (Auch wir Berater geraten unter Druck, weil unsere Dienstleistung dem Paar zu langsam geht.)

Einig sind sie sich vor allem in einem Punkt: jetzt aber Scheidung – subito!

Remo war ein Einzelkind einer italienischen Einwandererfamilie. Der Stolz von Mutter und Vater. Er besuchte die Sekundarschule und absolvierte dann eine kaufmännische Lehre. Bereits mit 26 Jahren übernahm er die Geschäftsleitung einer größeren ausländischen Verkaufskette. Bevor er Christine kennen lernte, hatte er nur flüchtige Bekanntschaften. Bis zu seinem 24. Geburtstag wohnte Remo zu Hause.

Erstes Warnzeichen:

Natürlich ist es Remo zu gönnen, dass er ein sehr fürsorgliches und liebevolles Zuhause hatte. Seine Mutter war neben ihrer externen Teilzeitarbeit vor allem für ihre beiden Männer da. Sie bediente diese beiden Herren der Schöpfung mit der Aufopferung einer italienischen Mamma und war stolz auf ihre Männer. Remo sollte ein guter und fleißiger Schüler sein, alles andere besorgte Mamma. Vom Haushalt, Kochen etc. hatte Remo bei der Heirat keine Ahnung.

Christine kam aus einer gutbürgerlichen Schweizer Familie und genoss eine unbeschwerte, glückliche Jugend in einem stattlichen Einfamilienhaus zusammen mit ihrer jüngeren Schwester. Die Mutter unterrichtete teilzeitlich an einer Mittelschule, und an diesen Arbeitstagen sorgte eine liebevolle Haushaltshilfe für die Kinder. Diese Frau hatte selber keine Kinder und verwöhnte die beiden herzigen Mädchen. Die Mutter ärgerte sich über die Verwöhnung, war aber auf diese Hausfee angewiesen.

Zweites Warnzeichen:

Es muss ja nicht immer die Mutter sein, die verwöhnt. Verständlich, was im Elternhaus von Christine vor sich ging. Wem ist nicht eine unbeschwerte, glückliche und auch leicht verwöhnende Jugendzeit zu gönnen? Und doch hat die große Krise bei Remo und Christine etwas mit dieser überbehüteten Kindheit zu tun. Christine musste kaum je einen Finger rühren. Im Gegenteil, die Hausfee liebte es, wenn sie den hübschen Mädchen ihre Dienste anbieten durfte. Sie fand es traurig genug, dass die Mutter extern arbeiten musste. Da schien es ihr umso wichtiger, dass es »ihre« lieben Mädchen gut hatten.

Es war eine rauschende, lässige Zeit, als Christine und Remo sich kennen lernten. Beide waren Genießer, liebten viel Abwechslung, Kultur und ausgefallene Aktivitäten. Christine arbeitete damals bei einer Bank und hatte bereits einen lukrativen eigenen Verdienst. Sie konnten sich gegenseitig zu aufregenden Wochenendprogrammen einladen und genossen mit viel Lebensfreude.

Christine bewohnte mit einer Freundin zusammen eine größere Wohnung, und da beide berufstätig waren, konnten sie sich eine Putzfrau leisten. Das Essen ließen sie häufig von einem Partyservice kommen.

Drittes Warnzeichen:
Nur nicht eifersüchtig werden. Warum sollte diese glückliche Begegnungszeit der beiden Verliebten kritisiert werden? Eigentlich gibt es auch nichts einzuwenden, nur ist es leider in einer solch rauschenden Kennenlernzeit kaum möglich, die Mankos und Defizite des anderen zu entdecken. Die beiden Sonnenkinder genießen dermaßen intensiv miteinander, dass sie gar nicht an Fehlendes oder Problematisches denken.

Ab und zu unterhielten sich die beiden auch über ihre Herkunft und über den feudalen Service, den beide genossen hatten. Lachend gestanden sie einander ein, welche Fürsorglichkeit sie über Jahre konsumierten. Da beide eine ähnliche Überbetreuung erlebt hatten, konnten sie die drohenden Defizite in der zukünftigen Partnerschaft gar nicht so exakt erkennen. Zwar neckten sie sich ab und zu mit der mangelnden Haushaltskunst des anderen, waren aber überzeugt, dass dies in einem modernen Haushalt dann schon irgendwie zu managen sei.

Viertes Warnzeichen:
Auch wenn diese zwei Königskinder ihre eigentlichen Mankos erkennen, wäre es eine schwierige Lebensschulung, all das Versäumte nachzuholen und einzuüben. Denn die Gefühle, die die alltägliche, frustrierende Kleinarbeit verursachen kann, sind nur schwer zu erahnen, bevor man tatsächlich in der verhängnisvollen Lage ist. Bei exaktem Hinschauen könnten diese beiden aber noch rechtzeitig das Zudienen üben.

Auch die Kinderfrage gingen sie sehr locker und übermütig an. Für Remo war ganz klar, dass Bambini dazugehörten, schon für seine Eltern und für seine Verwandten wäre dies sehr wichtig. Er selbst fühle sich nur als richtiger Mann, wenn er Vater würde. Christine fand Kinder eigentlich etwas stressig, aber auch sie meinte, ohne Kinder wären sie keine vollkommene Familie. Zwar sorgte sie sich etwas um ihre berufliche Anerkennung, die sie einbüßen müsste, aber schließlich hatte ihre Mutter dies ja auch irgendwie organisiert.

Fünftes Warnzeichen:

Wer kann schon im Voraus erahnen, wie aufwändig und anspruchsvoll Kinder sein können? Auch diese Falle ist wahrscheinlich von Natur aus so geschickt getarnt, dass nur wenige junge Familiengründer das Ausmaß der Belastung und der Ansprüche erkennen können. Dass diese beiden jungen Menschen mit ihren wohlgelungenen, glücklichen Jugendjahren den Aufwand und das zu Gebende gar nicht erkennen können, liegt auf der Hand. Auch wird viel zu wenig über die Pflege- und Erziehungsarbeit diskutiert.

Schon bei den Hochzeitsvorbereitungen stiegen die ersten Gewitterwolken hoch. Zwar meinten beide, es solle eine rauschende und großzügige Party werden, doch als es dann galt, all die kleinen Dinge zu organisieren, fand jeder, der andere könnte schon noch ein wenig mehr übernehmen. Remo wollte so viel wie möglich an die Trauzeugen delegieren. Christine wünschte aber, dass die Hochzeit ihre eigenen Handschriften tragen müsste.

Sechstes Warnzeichen:

Diese Gewitterwolken müssten Remo und Christine eigentlich warnen. Denn das königliche Muster kommt schon bald erschreckend klar zum Vorschein. Wie ärgerlich, dass Königskinder heutzutage selbst Hand anlegen müssen! Neue Mägde und Knechte braucht das Land!

Die Hochzeit selbst war dann wieder eine sehr versöhnliche und lässige Angelegenheit. Beide genossen es sichtlich, im Mittelpunkt des Tages zu stehen, und freuten sich an der Bewunderung und der guten Laune der Gäste.

Der Höhepunkt war dann, als der frisch gebackene Ehemann seine baldige Vaterschaft ankündigte. Die beiden Herkunftsfamilien waren überglücklich und prosteten sich immer wieder zu.

Anfangs waren die beiden Väter wegen der unterschiedlichen Schichtzugehörigkeit und dem kulturellen Unterschied sehr kritisch gegen diese Heirat eingestellt. An diesem rauschenden Fest wurden dann aber all die Bedenken weggefeiert.

Siebtes Warnzeichen:

Natürlich spielen die Schichtzugehörigkeit und die kulturellen Unterschiede bei Paaren eine große Rolle. Über Jahrtausende hinweg wurde darauf sorgfältig geachtet. Ausnahmen waren selten und nicht unproblematisch. So faszinierend und aufregend unterschiedliche Kulturen und Schichten bei Paaren sind, so bedrohlich trennend können sie später werden. Rauschende Feste lockern die Stimmung. Probleme lassen sich aber selten wegfeiern.

Bald holte der Alltag die beiden Glücklichen ein. Die gegenseitigen Vorwürfe häuften sich, und sie beklagten sich über die mangelnden Dienstleistungen des anderen. Christine ärgerte sich grün und blau, wenn Remo das Hohelied über seine Mamma zu singen begann. Remo traf fast der Schlag, als er feststellen musste, dass Christine wirklich vom Haushalten keine Ahnung hatte.

Achtes Warnzeichen:

Tragischerweise fehlt diesen beiden Königskindern der Humor und die Flexibilität, um das Fehlende wettzumachen. Vielleicht könnten sie eine Schicksalsgemeinschaft verwöhnter Kinder bilden und eine Selbsthilfegruppe gründen? – Oder das Fehlende einüben und nachholen.

Remo wünschte, dass Christine ihre Berufstätigkeit bald aufgeben und für ihn und ihre kleine Tochter da sein sollte. Schließlich würde er ja genügend Geld nach Hause tragen. Zudem ließ seine führende Stellung im absoluten Fulltimejob keine Möglichkeit zu, sich in irgendeiner Weise an der Familienarbeit zu beteiligen.

Als Christine zu Hause blieb und nur noch für den Haushalt und die kleine Tochter zuständig war, wurde sie aber bald sehr unzufrieden. Ihr fehlte die tägliche Bewunderung durch all die lässigen Mitarbeiter an ihrem früheren Arbeitsplatz.

Leider hatte die herzige kleine Tochter große Schlafprobleme. Im-mer wieder musste Christine nachts aufstehen und sie betreuen. Bald war sie sichtlich übermüdet.

Remo fand, er müsse dringend durchschlafen können, sein Job brauche ausgeschlafene Männer.

Bald eskalierten die Ereignisse. Zwar versuchte die Mutter von Remo noch zu retten, was zu retten war, und ging jede freie Mi-nute aushelfen. Doch die Frustrationsgrenze beider Partner war schon überschritten. Beide riefen nach Scheidung.

Wie gut geht es unserer Beziehung?

Das Positive muss das Negative fünfmal überwiegen
in einer guten Beziehung.
JOHN GOTTMANN

Wer von beiden Partnern ist eigentlich für das Wohl einer Partnerschaft zuständig?

Beide – werden Sie jetzt fast schon ein wenig ungeduldig kommentieren. Wenn Sie aber Einblick in viele Ehen und Partnerschaften haben, ist die Antwort nicht immer so klar.

Wäre es nicht wünschenswert, wenn von beiden Seiten ab und zu fast zärtlich darauf geachtet würde, wie es dem gemeinsamen Unternehmen Partnerschaft geht? In der Praxis ist es wie mit der Gesundheit: Solange nichts wehtut, schenkt man dieser Frage keine Beachtung. Derjenige aber, dem zuerst etwas wehtut, der wird nachdenklich und beginnt zu hinterfragen.

Meistens sind es die Frauen, denen es nicht mehr so wohl ist im gemeinsamen Boot der Liebe. (Mehr als 75 % der Scheidungen werden von Frauen eingereicht.) Die Männer gucken länger weg oder sind so intensiv extern beschäftigt, dass sie sich deswegen zu wenig um das Boot zu Hause kümmern wollen/können.

Mag sein, dass sie auch zu sehr im Existenzkampf stehen und deswegen das Unternehmen »Zuhause« weniger aufmerksam beachten.

Und weil Frauen, vor allem wenn sie Mütter werden, vorwiegend zu Hause sind und wenig Zerstreuung, Unterhaltung und Spannendes erleben, sind sie besonders auf das Klima und die Wetterbedingungen zu Hause angewiesen. Sie leben mehr in dieser kleinen Welt der Partnerschaft. Es ist zugleich ihr Lebens- und Arbeitsfeld, wo sie 24 Stunden am Tag eingebunden sind.

Man könnte sagen, dass dies doch in Ordnung sei. Denn auf diese Weise hätten die Frauen doch auch die Möglichkeit, das Glück zu Hause so zu gestalten, wie es ihren Seelen gut tut. Zudem übernehmen sie zu Hause bekanntlich mehr Aufgaben und haben darum auch mehr Macht und Einfluss. Sie können den Inhalt und den Rahmen doch voll und ganz bestimmen. Diese Gedanken sind an sich richtig. Frauen haben viel Einfluss auf das Gelingen einer guten Partnerschaft.

Aber das Spiel muss nun mal zu zweit gespielt werden. Es kann nicht gut gehen, wenn nur ein Partner rudert oder nur einer den Ball hin- und herwerfen will. Wie können fundamentale und lebenswichtige Gespräche in einer Partnerschaft geführt werden, wenn niemand auf der anderen Seite den Hörer abnimmt?

»Aber Schatz, wir haben dies doch schon besprochen. Nein, nicht schon wieder, warum gerade jetzt? Lieber morgen!«

Ja, Männer kneifen leider zu oft. Wie bringt man sie aber an den Partner-Tisch beziehungsweise ins Gespräch? – Ja, liebe Frauen: Solange die Liebe noch warm ist! Solange sie euch noch an den Lippen hängen ... Charme und Verführungskunst sind gefragt.

Es ist wirklich nicht konstruktiv, wenn ein Partner zu lange allein ungute Gefühle, Ärger und Wut mit sich herumschleppt. Das Gleichgewicht des Paares beginnt zu kippen. Allerdings wäre es aber klug, den richtigen Moment und den richtigen Ton für allfällige Kritik und Bedenken zu finden.

Dabei liegt in der Kritik und in den Vorwürfen eine große Chance für Ansätze notwendiger Veränderungen. Stattdessen lösen sie oft Abwehr und Ablehnung aus, weil sie ungeschickt angegangen werden. Schade!

Daher könnte es sinnvoller sein, einander ritualisiert ab und zu exakter nach dem Befinden zu befragen – als vorbeugende Maßnahme. Folgende Fragen sollen zum Gespräch anregen und helfen, bei der Befindlichkeitsanalyse möglichst keines der wichtigen Themen zu vergessen. Eine unterschiedliche Beurteilung ist positiv zu werten, wird sie doch Anregung für Diskussionen und Erkenntnisse geben.

Wie zufrieden bin ich mit unserer Partnerschaft?

Ich bin	unzufrieden	zufrieden
▨ mit unserer gegenseitigen Wertschätzung	1 2 3 4 5 6 7 8 9 10	
▨ mit unseren gemeinsamen Gesprächen	1 2 3 4 5 6 7 8 9 10	
▨ mit unserer Lastenverteilung	1 2 3 4 5 6 7 8 9 10	
▨ mit unserer Nähe und Distanz	1 2 3 4 5 6 7 8 9 10	
▨ mit unserem Sexualleben	1 2 3 4 5 6 7 8 9 10	
▨ mit unserer Streitkultur	1 2 3 4 5 6 7 8 9 10	
▨ mit unserer Erziehung der Kinder	1 2 3 4 5 6 7 8 9 10	
▨ mit unserer Freizeitgestaltung	1 2 3 4 5 6 7 8 9 10	
▨ mit unserem Zugeständnis für persönliche Freiheiten	1 2 3 4 5 6 7 8 9 10	
▨ mit unserem Freundeskreis	1 2 3 4 5 6 7 8 9 10	
▨ mit unserem Umgang mit Geld und Besitz	1 2 3 4 5 6 7 8 9 10	
▨ mit unserer Macht- und Verantwortungsaufteilung	1 2 3 4 5 6 7 8 9 10	
▨ mit unseren Essgewohnheiten	1 2 3 4 5 6 7 8 9 10	
▨ mit unserer Wohnsituation	1 2 3 4 5 6 7 8 9 10	
▨ mit unserem Geben und Nehmen (Tauschen, Verhandeln)	1 2 3 4 5 6 7 8 9 10	
▨ mit unserer Geschenkkultur	1 2 3 4 5 6 7 8 9 10	
▨ mit unserem Vertrauensverhältnis (Treue)	1 2 3 4 5 6 7 8 9 10	
▨ mit unserer Beweglichkeit und Neugier auf Neues	1 2 3 4 5 6 7 8 9 10	
▨ mit unserem Engagement für unsere Beziehung	1 2 3 4 5 6 7 8 9 10	
▨ mit unserer Kompromissbereitschaft	1 2 3 4 5 6 7 8 9 10	
▨ mit unserem gegenseitigen Gernhaben (Liebe)	1 2 3 4 5 6 7 8 9 10	
▨ mit unserer gegenwärtigen Beziehung	1 2 3 4 5 6 7 8 9 10	
▨ mit _____	1 2 3 4 5 6 7 8 9 10	

Für solche Standortgespräche gilt es, den richtigen Moment zu wählen. Beide Seelen sollten eher im »Gleichgewicht« sein. Zudem ist es sinnvoll, genügend Zeit für die anschließende Diskussion einzuplanen. Denn das Miteinander-Reden und Austauschen sind das Ziel!

Himmlisches Auswerten – Erntezeit für die Ewigkeit

»Aber der kleine Prinz braucht mich doch jetzt!«
Kinder nehmen oft zu viel Platz ein

Junge Paare schätzen die Selbständigkeit. Oft bauen sie dort das Nest, wo sie wenig »gestört« werden von ihren Herkunftsfamilien. Werden sie dann Eltern, mangelt es aber an Entlastungsmöglichkeiten. All die früheren »Hilfskräfte« der Großfamilien fehlen. Unsere gegenwärtigen Kleinfamilien sind zu einseitig und zu wenig stabil. Junge Paare rutschen leicht miteinander in eine extrem engagierte Elternschaft, wollen natürlich für ihre kleinen Schätze nur das Beste und »vergessen« dabei die Paarbeziehung. Sie werden noch angefeuert durch eine Flut pädagogischer Ratgeber, und so ist die Vernarrtheit in die eigenen Kinder heute bei vielen jungen Paaren wirklich ehegefährdend.

Außerdem mischen sich auf unglaublich verlockende und manipulierende Art und Weise profitgierige Unternehmen in die Familien ein, um mit den Kindern ins Geschäft zu kommen. Die Kinder werden als Konsumenten schon dermaßen verführt, dass besorgte Eltern einen fürchterlichen Abwehrkampf führen und sehr wachsam und präsent sein müssen.

Leider werden junge Paare wegen möglicher Versäumnisse und Fehlentwicklungen zudem dermaßen verunsichert, dass sie wirklich glauben, sie müssten sich bis zum Umfallen und bis zur Selbstauflösung für das Wohl ihrer Kinder aufopfern.

Die große Tragik liegt dann aber häufig darin, dass gerade wegen dieser enormen Beachtung und Verwöhnung der Kinder die Paarbeziehungen vernachlässigt werden und es deswegen oft zu einer Scheidung kommt. Dann wird den gleichen über-behüteten Kindern verdammt viel Schmerzhaftes zugemutet.

Gerne schockiere ich junge Paare in der Beratung, wenn ich ihnen rate, die Kinder einmal für kurze Zeit »verwahrlosen« zu lassen, um endlich wieder die eigene Beziehung zu pflegen, damit ihre lieben Kids keine Scheidungswaisen werden. Aber ernsthaft: Wäre es – liebe Eltern – nicht besser, den Kindern ab und zu weniger Beachtung zu schenken, dafür aber die eigene Paarbeziehung mehr zu pflegen und den Lebenspartner/die Lebenspartnerin mit nur einem Bruchteil der Aufmerksamkeit, die sonst den Kindern zugute kommt, zu verwöhnen?

Denn nur wenn es den Eltern gut geht, geht es auch den Kindern gut!

. . .

Es war schon verflixt. Eigentlich wollten Monika und Alex es mit den Kindern besonders verantwortungsvoll machen, und nun standen beide vor einem Scherbenhaufen. Alex zischte in der ersten Mediationssitzung: »Wenn du statt der Kinder mich nur ein wenig mehr beachtet hättest, hätten unsere Kinder zukünftig noch einen anwesenden Vater! Dauernd waren sie im Mittelpunkt. Was nützt es ihnen jetzt?«

Monika ärgerte sich. Natürlich wusste auch sie, dass sie ihre Liebe nach und nach zu wenig gepflegt hatten, aber die beiden Kinder brauchten sie doch.

Monika und Alex begegneten sich schon im Gymnasium. Monika war begeistert, als sie Alex das erste Mal sah. Er war so cool – so anders. Es war Liebe auf den ersten Blick. Gegenseitig! In jeder freien Minute hockten sie beieinander und genossen die Sinnlichkeit und alles, was dazugehörte. Aber auch im Gespräch begegneten sie einander. Ganze Nächte konnten sie miteinander durchplaudern.

Sie genügten einander auf allen Ebenen!

Monika liebte Alex und konnte sich durchaus vorstellen, ihn zum Vater ihrer Kinder zu machen. Er würde sicher ein fürsorglicher Vater sein. Vor allem konnte sie ihm stundenlang bei seinen philosophischen Reden zuhören. Liebevoll nannte sie ihn: mein kleiner Philosoph!

Sie waren das Paar in der Klasse. Obschon Monika bestens aufgeklärt war, waren sie sehr locker im Umgang mit der Verhütung. Erst als Monika schwanger war, »erwachten« sie. Eigentlich konnte Monika ihre Unvorsicht nachträglich selbst nie ganz begreifen.

Erstes Warnzeichen:
Will Monika wirklich schon Mutter werden? Oder kann es sein, dass sie sich mit der Schwangerschaft vor der auffressenden Liebe von Alex etwas schützen will?

Paradoxerweise wird oft eine Abhängigkeit mit einer anderen Abhängigkeit eingetauscht.

Monika erschrak über ihre frühe Schwangerschaft und hatte Bedenken gegenüber ihrer baldigen Mutterschaft. Gleichzeitig war sie auch fasziniert von den Bildern und den Gefühlen, die in ihr hochkamen. Mit Leichtigkeit konnte sie die Ängste und Zweifel wegblasen.

Alex war unsicherer. Er philosophierte viel über die Freiheit des Menschen, war aber gleichzeitig auch fasziniert von dem, was da heranwuchs. Tief innen hatte er Ängste bezüglich der baldigen Vaterschaft. Er wusste ja beruflich noch nicht einmal, in welche Richtung er gehen sollte. Zudem machte ihm das herkömmliche und zukünftige Familienleben große Angst. Zu Hause war es ungemütlich gewesen. Die Zweckehe seiner Eltern war alles andere als nachahmenswert.

Vielleicht hatte er deshalb einen so riesigen Hunger nach Wärme und Sinnlichkeit mit Monika. Wie oft kuschelte er sich wie ein kleines Baby an ihren Körper! Ob er da noch Nestwärme nachholte, war ihm eigentlich egal. Hauptsache, es war schön. Aber nun würde ja bald ein anderes kleines Ding diesen Platz bei Monika einnehmen. Schon allein der Gedanke daran machte ihn eifersüchtig und unstimmig.

Doch Alex wollte seine Monika nicht verletzen, denn sie freute sich wie ein Kind auf ihr Baby. Er wollte kein Spielverderber sein.

Zweites Warnzeichen:
Alex müsste seine Ängste und Zweifel nun dringend thematisieren. Er müsste verantwortungsvoller über diese realen Dinge nachdenken, statt sich weiterhin mit der grundsätzlichen Freiheit des Menschen zu beschäftigen. Eigentlich unverständlich, dass beide ihre Zweifel, die sehr wohl schon in den ersten Tagen der Schwangerschaft vorhanden waren, nicht ernst nehmen.

Als sich die Eltern von Alex sehr besorgt und mit berechtigten Bedenken gegenüber der frühen Familienbildung äußerten, reagierten die beiden Liebenden klassisch mit einem kräftigen Schulterschluss gegen außen und empfanden diese Sorge als blöde altmodische Einmischung.

Bald gebar Monika eine gesunde, quietschlebendige Tochter. Monika brach die Schule ab und freute sich riesig auf ihre neue Rolle
als Mutter und Lebenspartnerin. Das war nun »live« und nicht
diese graue Theorie. Leicht übermütig wurde eines Tages zusammen mit ein paar Freunden geheiratet. (Alex kam als Clown ver-
kleidet aufs Standesamt.)

Er wurde trotz seiner anfänglichen Ängste ein stolzer Jungvater
und liebte seine zwei Frauen.

Unzufrieden wurde Alex eigentlich erst, als Monika weniger
Lust auf Sinnlichkeit mit ihm zeigte. Das nächtliche Aufstehen
ermüdete sie tatsächlich, und zudem waren ihre Bedürfnisse von
den Zärtlichkeiten und dem intensiven Körperkontakt mit Anna
zu einem großen Teil gesättigt.

Auch Monika sollte akzeptieren, dass ihr großer Prinz weiterhin
Sexualität mit ihr leben möchte.

Monika hatte schon als Kind den Wunsch nach mindestens
zwei oder drei eigenen Kindern. Nun war sie zwar etwas früh Mutter geworden, doch konnte sie auch Alex davon überzeugen, dass
es sinnvoll wäre, bald einmal ein Geschwisterchen für Anna zu
»besorgen«.

Einerseits machte Alex die Vorstellung, noch mehr Vater und
noch weniger der einzige Liebling seiner Frau zu sein, etwas Angst,

anderseits fand er, wenn schon, denn schon. Zudem erinnerte er sich an die erfüllte Sexualität während der ersten Schwangerschaft und »willigte« schlussendlich in die Familienerweiterung ein. Bald kam Benjamin zur Familie hinzu: ein anspruchsvolles, lebhaftes, herziges Bürschchen. Monika und Alex wollten es gut machen und die Erziehung ihrer Kinder ernst nehmen. Monika besuchte verschiedene pädagogische Kurse und las Bücher mit unheimlich vielen Ratschlägen.

Fünftes Warnzeichen:
Da hat sich wieder einmal eine starke Partnerin mit ihren Wünschen und Träumen durchgesetzt. Leicht wird der Passivere durch den aktiveren Partner bei Entscheidungen überstimmt. Nicht immer tragen aber diese »Überrollten« die Entscheidungen später mit.

Monika wurde eine richtige Vollblutmutter und gab den beiden Kindern viel Liebe, Zeit und Aufmerksamkeit. Alex liebte seine beiden Kinder auch, ihm wurde aber immer bewusster, wie platzeinnehmend diese kleinen Menschenkinder waren. Der ganze Tagesablauf wurde von ihnen bestimmt. Ab und zu blieben zwar noch ein paar Minuten für das junge Paar übrig. In dieser kostbaren Zeit war aber meistens einer der Partner so erschöpft, dass nicht viel Energie für gemeinsames Tun übrig blieb.

Sechstes Warnzeichen:
Es ist nachvollziehbar, wie Mütter in dieser Kleinkinder-Zeit schnell in eine aufopfernde Haltung hineinrutschen. Der kleine Mensch braucht nach der Geburt nun mal sehr viel Aufmerksamkeit. Und doch müssten Paare immer wieder das Maß finden zwischen den Bedürfnissen der Kinder und der Erwachsenen in einer Kleinfamilie.

Vielleicht war auch Reue dabei, als Monika fand, sie hätte eine mögliche berufliche Laufbahn eigentlich schon etwas leichtfertig aufgegeben. Nun wollte sie den jetzigen Beruf »Mutter« besonders ernst nehmen. Eine Bekannte war sehr froh, dass Monika zuerst ab und zu, dann regelmäßig auch noch ihren Sohn Kevin betreute. Dadurch konnte Monika ein paar Franken dazuverdienen und die Rolle der Berufsmutter noch stärker ausleben. Bald dominierten Kinder das kleine Familiensystem total.

Siebtes Warnzeichen:

Dass Monika ihr Mutter-Sein zum Beruf macht, ist verständlich, zumal ihr die Mutterrolle scheinbar leicht fällt. Wahr ist aber auch, dass Kinder immer so viel Aufmerksamkeit nehmen, wie sie bekommen, und darin liegt ein Stolperstein für junge Paare. Kinder sind wie kleine Wölfe! Sie schnappen so viel, wie sie bekommen können. Oft »fressen« sie gar ihre eigenen Mütter auf – mit Haut und Haaren.

Alex freute sich zwar darüber, dass Monika einen Lebenssinn in der Kinderbetreuung gefunden hatte, vermisste aber immer mehr die sinnliche Zeit zu zweit, gute ungestörte Gespräche und andere kinderlose Aktivitäten.

Aber es waren nun mal zwei eigene und zusätzlich noch ein fremdes Kind im Haus, und Monika hatte Prioritäten gesetzt.

Alex engagierte sich wieder mehr und mehr »draußen«, und es blieb das meiste an Monika hängen. Die Kinder wuchsen heran, waren sehr anspruchsvoll und nahmen viel Platz ein.

Monika ärgerte sich zusehends mehr über den Flüchtenden und entzog sich seiner körperlichen Liebe. Alex war von seinen zwei anspruchsvollen Kindern genervt, nahm aber seine Rolle als Vater so gut es ging wahr. Er wurde Lehrer, obwohl er gern weiterstudiert hätte, zum Beispiel – Philosophie! Aber nun musste er dringend für seine junge Familie Geld verdienen.

Zunehmend belastend empfand er auch den Umstand, dass er den ganzen Tag Kinder um sich hatte und abends ebenfalls die Bedürfnisse der eigenen Papa-fordernden Kinder erfüllen musste.

Achtes Warnzeichen:

Das Missbehagen von Alex ist verständlich, denn er ist zu jung in diese verantwortungsvolle Rolle hineingeschlittert. Es ist immer gefährlich, wenn junge Menschen ihre berufliche Laufbahn der Existenzsicherung unterordnen müssen.

Die gegenseitigen Enttäuschungen und Schuldzuweisungen häuften sich. Alex fühlte sich von Monika vernachlässigt, und Monika war über die Unzufriedenheit von Alex maßlos verärgert. Schlussendlich fand Monika, sie würde es besser allein mit den Kindern schaffen, als sich weiterhin auch noch um diesen kindermüden und unzufriedenen Mann kümmern zu müssen. Sie bat Alex, die Wohnung zu verlassen.

> **Neuntes Warnzeichen:**
> Tragisch, diese Entwicklung. Dabei hatte doch alles so glücklich begonnen. Vielleicht hätten diese beiden eher eine Chance gehabt, wenn sie nicht so früh ins Elternsein hineingestolpert wären. Eigentlich hat Alex nie richtig zugestimmt, aber auch nie zur rechten Zeit seine Bedürfnisse verteidigt, um das für ihn zu frühe Eltern-sein zu stoppen. Einmal mehr zeigt auch diese Geschichte, wie gefährlich leise das Unglück sich einschleichen kann. Wer selbst nicht Regie führt, mit dem wird Regie geführt.

Nach nur vier Ehejahren wurden Monika und Alex geschieden.

Unsere schwachen und starken Partnerschaftsbande

Lieben: Alle Fehler und Unzulänglichkeiten des anderen kennen und sich nichts aus ihnen machen.
DOROTHY DIX

Wenn wir das Wort »Beziehung« zwischen zwei Menschen sichtbar machen wollten, dann würde ich mir folgendes Bild vorstellen: Zwischen zwei Partnern sind verschieden starke Bande geknüpft. Die einen sind aus starkem Material und halten einiges aus. Daneben gibt es zarte, feine Bande, die unheimlich sensibel bei der kleinsten Bewegung des Einzelnen reagieren.

Weil diese Bande nicht sichtbar sind, erkennen wir kaum, welche noch elastisch und stark und welche bereits angerissen oder ausgefranst sind.

Super – unsere Liebesbande halten noch!

Vielleicht machen wir technisch so große Fortschritte, dass wir diese Metapher später einmal mit besonderen Röntgengeräten er
~nnen. Dann könnten wir Paartherapeuten mit wichtiger Miene
~ntgenbilder ans Licht halten und dem verdutzten Paar mit
~ zum Beispiel das Band des Vertrauens angerissen sei.
~e das Band der Sympathie noch absolut in Ord-

Wenn Paare einander zu sehr strapazieren, dann reißen diese Bande und müssen vom Paar wieder neu geknüpft werden. Das ist aber nur möglich, wenn nicht alle gerissen sind. Sind alle gerissen, kann nur schwerlich ein einzelnes Band wieder angeknüpft werden.

Die Bande werden auch nicht von beiden Partnern gleich wahrgenommen. Der eine hat das Gefühl, es wären starke Schiffstaue zwischen ihnen gespannt, während der andere meint, es wären eher nur noch hauchdünne Fäden, kurz vor dem Reißen.

Einige wichtige Bande möchte ich hier aufzählen und Sie bitten, darüber nachzudenken, welche Sie mit Ihrem/Ihrer Liebsten geknüpft haben. Und welche Bande wohl aufmerksam beobachtet werden müssten, damit sie nicht reißen.

Bande der Sympathie

Diese Bande entstehen bei der ersten Begegnung und umgeben uns mit dem Zauber der Liebe und der Aufmerksamkeit. Man ist sich schnell sympathisch oder wird sich nach und nach sympathischer. Nicht umsonst spricht man bei sympathischen Menschen auch von anziehenden und gewinnenden Menschen. Dieses Band kann wie ein Magnet wirken. Ohne Zwang suchen einnehmende Kräfte die Nähe zum andern. Ein wunderbarer Vorgang. Diese Kräfte können sogar Menschen verändern (auch festgefahrene und hartgesottene Kerle).

Eine Gefahr für diese Bande besteht dann, wenn Sympathien verspielt werden, wenn Antipathien entstehen. Dann können die anfänglichen anziehenden Zauberkräfte zu abstoßenden und verletzenden Kräften umkippen. Es ist, als wäre das anziehende Band zu einer metallenen Stange verkommen, die alle Bemühungen eines Näherkommens verhindert.

Bande des Vertrauens

Diese Bande wachsen langsam, nach und nach. Kleine Tests und Vorkommnisse geben das Gefühl des Einander-trauen-Könnens. Trauen, dass wir es ernst meinen, einander etwas zutrauen können und nicht hintergangen werden. Dieses Band hat ein gutes Gedächtnis und ist aufgebaut auf vielen früheren Erfahrungen, welche tief in der Kindheit – im Urvertrauen – wurzeln. Wenn in jenen Anfängen Vertrauensbrüche und Verletzungen erlitten wurden, dann ist es schwierig, auch bei sehr liebenswerten Begegnungen, ein tragbares Vertrauen aufzubauen. Gerade Kinder, die immer wieder weitergegeben wurden, können später fast nicht mehr anknüpfen, aus Angst, diese Bande würden doch wieder fallen gelassen.

Dieses Misstrauen, aus früheren schmerzhaften Erfahrungen entstanden, macht leider oft das Knüpfen von starken Banden des Vertrauens unmöglich. Die liebenden Menschen verstehen dann die Welt nicht mehr. Aber es sind alte Reaktionen auf traurige Erfahrungen und haben nichts mit der neuen, gegenwärtigen Begegnung zu tun.

Bande des Einander-gern-Habens (Liebesbande)

Dieses Zauberband ist schwierig zu beschreiben. Ob es jeweils gesponnen wird, wenn das Kribbeln im Bauch entsteht? Oder ob dieses Band von den Amorschützen von Herz zu Herz geschossen wird? Ein faszinierendes Band – ausgespannt zwischen zwei Menschen, teils ohne äußere Logik. Warum diese Liebesbande zwischen diesem Frosch und jener Prinzessin?

Auch ein unheimlich wechselhaftes Ding, dieses Band. Es kann dick sein wie ein Ozeanschiffsseil, dann wieder hauchdünn wie ein Faden eines Spinnennetzes.

Das Band der Liebe kann auch leicht zu einem Band des Hasses werden, dann wird es eher zu einer Leine – um den Hals geknotet – oder gar zu einer Fußfessel. Warum diese Bande der Liebe oft so hässlich verkommen, in Lieblosigkeit und Hass umschlagen, hat mehrere Ursachen.

Einige wissen wir schlicht noch nicht.

Bande des Gebens und Nehmens (Tauschens)

Diese Bande des Gebens und Nehmens wachsen durch Ausgewogenheit und Fairness. Sie entstehen durch den lebhaften Zwischenhandel. Wenn viel hin- und hergegeben wird, entstehen großzügige und verbindende »Seilkulturen«. Entwicklung und

Erfüllung ist für beide Partner möglich. Es ist oft ein liebevolles Beschenken und weniger ein Tauschen – ein Geben und Nehmen. Es fordert aber auch Fairness und Transparenz, dass einander wirklich das gegeben wird, worum der andere bittet.

Wenn aber zwischen zwei Partnern gespart und gegeizt wird, oder wenn gar Mogelpackungen hin- und hergeschoben werden, verkommen diese Bande zu dünnen, kläglichen Fäden.

Bande der Gewohnheit

Auch diese Bande entstehen nach und nach: »Jahre binden – auch wenn man nicht will.« Man gewöhnt sich aneinander und wird dadurch leicht zu »Bruder und Schwester«. Man liebt sich nicht mehr besonders, aber würde einander vermissen, wenn einer weggehen würde. Dieses Gewöhnen aneinander kann bequem und unaufmerksam werden lassen. Dann werden diese Bande der Gewohnheit oft bleischwer und erdrücken Spontaneität und Lebendigkeit.

Bande der Sicherheit (Treue)

Die Bande, die uns Sicherheit geben, sind sehr wichtig. Jede Seele braucht Sicherheit. All unsere Versicherungen mögen ja hilfreich sein, doch die Sicherheit, die zwei Menschen einander geben können, lässt sich nicht so schnell ersetzen. Gerade in unserer gegenwärtigen, verrückten und schnelllebigen Welt ist es noch bedeutungsvoller, irgendwo beheimatet zu sein und eine beruhigende Sicherheit zu empfinden und zu leben.

Je rauer der Wind draußen bläst, je mehr brauchen wir diese sichere und heimische Welt drinnen. Diese Bande sprechen für Treue und Langzeitbeziehungen. Mit weiterhüpfenden Partnern sind diese Bande kaum zu knüpfen. Sicherheit ist auf Erfahrung aufgebaut.

Bande des Schutzes (Geborgenheit)

Auch die Bande des gegenseitigen Schutzes sind lebenswichtig. Nicht nur Kinderseelen brauchen Schutz und Geborgenheit. Auch Seelen von Erwachsenen benötigen ab und zu Schutz, Verständnis und Geborgenheit.

Es ist schön, von jemandem ein wenig Schutz zu bekommen. Schutz von außen, aber auch Schutz vor sich selbst, vor eigener Unzulänglichkeit, vor Sucht, inneren Ängsten und Selbstzweifeln.

Vielleicht haben Sie noch andere Bande geknüpft? Bande des gemeinsamen Tuns, Bande der Leidenschaft, Bande der gemeinsamen Vergangenheit etc.?

Mir gefällt die Vorstellung der unterschiedlichen Bande zwischen zwei Menschen. Sie ermöglichen uns, das Wort Beziehung zu visualisieren und in unterschiedliche Komponenten einzuteilen. Es macht das »Ding« zwischen uns etwas differenzierter.

Zudem ist es hilfreich, sich vorzustellen, dass elastische Bande wertvoller sind als starre, feste Bande. Bande, die nachgeben, ein wenig Toleranz für »Bewegungen« des Partners aushalten und nicht gleich reißen.

Wer schon am Seil in den Bergen geklettert ist, weiß, dass Partner sich nicht zu eng aneinander knüpfen sollten, sonst kann der Einzelne sich nicht optimal bewegen, um seine eigenen Wege und Routen zu finden. Wenn das Seil lose und großzügig zwischen zwei Partnern gebunden wird, dann ist das gemeinsame Gehen leichter und der Bewegungsspielraum größer und angenehmer. Man zupft und nervt sich weniger.

Auch beim Beziehung-Knüpfen lohnt es sich, darauf zu achten, dass die Bande elastisch und großzügig geknüpft werden. Zu eng geknüpfte Bande ersticken die Liebe!

Außerdem ist es ratsam, nicht nur eine einzige Verbindung zu knüpfen: Man soll das Boot nicht nur an einen Anker binden.

Übrigens: Wenn Menschen noch immer an andere Menschen innerlich »geknüpft« sind, ist es verständlich, dass neue Bande (Bindungen) nur schwerlich zu knüpfen sind. Daher ist das Entbinden von früheren Partnern so wichtig.

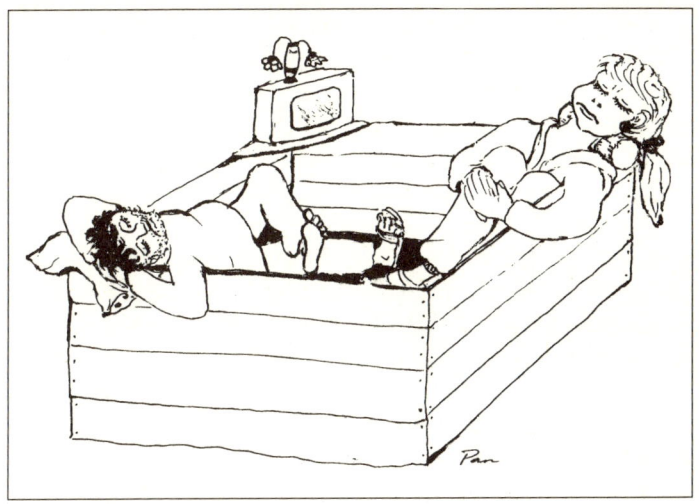

... tolle Stimmung in der Zweierkiste!

»Hilfe, du erstickst mich!«
Es wird zu eng und langweilig in den Zweierkisten

Wenn Paare sich in ein zu enges Muster einzwängen, so ist das oft
eine Spätfolge der verliebten Zeit. In den Tagen des Verliebtseins
kann es nicht eng, symbiotisch und »klebend« genug sein. »Tag
und Nacht nur du und ich – allein! Wir genügen einander vollkommen, in allen Dingen!« Andere Beziehungen und Aktivitäten
werden kaum mehr gepflegt. »Mein Mann..., meine Frau...«;
ein Mensch wird »freiwillig« zum totalen Besitz des anderen.

Dummerweise schleichen sich dann auch fürsorgliche Kontrollen ein, die später beibehalten werden. Beide meinen es doch
so gut miteinander und passen auf, dass sich ja keiner eigenstän-
dig aus dem Ehekistchen hinausentwickelt. Die zu engen Beziehungsmuster werden beibehalten, und Paare werden gegenseitig
zu Gefangenen und Aufsehern zugleich. Zusammen kann man in
dieser Pseudo-Harmonie furchtbar einsam werden.

Zudem ist es eine Folge der Kleinfamilienmentalität, die zu

wenige offene Türen hat und somit diese kleinen Systeme zum Ersticken bringt. Es müsste schleunigst nachgedacht werden, ob nicht wieder vermehrt größere Systeme mit gegenseitiger Anregung und Lebendigkeit geschaffen werden sollten. Interessenwohngemeinschaften in Form von Großfamilien zum Beispiel?

Katrin Wiederkehr sagt in ihrem Buch ›Wer loslässt, hat die Hände frei‹ über das Geheimnis langer Partnerschaften: »Das Haus der Partnerschaft wird ständig an- und umgebaut. Eine lange Partnerschaft erschließt viele Räume.«

Vielleicht könnte man sogar behaupten: Je elastischer und großzügiger die Bande zwischen zwei Partnern geknüpft sind – desto länger atmet die Liebe!

. . .

Es ist, als würde etwas vom Ehemuster deutlich, als Hilde und Noldi nach 19-jähriger Ehe auf den Stühlen der Scheidungsberatung sitzen.

Beide Partner sitzen nahe beieinander, im Blickkontakt schweifen sie aber aneinander vorbei, warten auf Fragen von »außen« und fallen einander nie ins Wort. Sie sind nicht zornig aufeinander, geben auch keine bösen Kommentare, wirken nur müde und ausgebrannt. Es sei schon erschreckend lange Zeit eng und langweilig gewesen, aber kein Partner habe sich aufraffen können, die Dinge zu ändern, erklärten sie. Erst als die Kinder ausflogen, bemerkten sie, wie kalt und leblos ihre Partnerschaft war. Für Vitalität und Leben hatten die drei Kinder gesorgt.

Hilde und Noldi lernten sich bei der Arbeit kennen. Beide arbeiteten in einem Pflegeberuf. Noldi fing Feuer aus zwei Gründen: Die liebenswürdige Art und die Schönheit von Hilde, aber auch ihre weiche, mütterliche Stimme sprachen ihn sehr an.

Hilde hatte vor Noldi einen unruhigen, widersprüchlichen Liebespartner, mit dem sie seit vier Jahren im Konkubinat zusammenlebte. Sie litt unter den cholerischen Zügen dieses Mannes, war aber immer wieder fasziniert von seiner Dynamik und Lebendigkeit. Als sie dann aber Noldi mit seiner ruhigen, väterlichen und weichen Art kennen lernte, empfand sie bald viel Sympathie für diesen eher schweigsamen Mann.

Diese Begegnung gab ihr schließlich die Kraft, sich von ihrem unruhigen Querdenker zu trennen, und es begann für sie eine harmonische, friedliche und glückliche Zeit.

Erstes Warnzeichen:

Es ist nachfühlbar, dass Hilde nach diesem stressigen Partner umso mehr von diesem neuen, besonnenen und ruhigen Mann fasziniert ist. Diese Befreiung ist aber zugleich auch eine Falle: Hilde kompensiert mit dem Gegenteil. Eigentlich liebt sie eine gewisse Lebendigkeit und Herausforderung. Aber der erste Partner war ein Maß zu viel des Guten ... und darum wählt ihre etwas erschöpfte Seele nun einen Partner mit einem Maß zu wenig.

Oft ist der Tröster und Retter das Gegenteil dessen, von dem man sich befreien muss. Nur bleiben da beim Getröstet- und Gerettetwerden meistens die Warnlampen ausgeschaltet ...

Schon bald träumten sie von einer Familiengründung, und Hilde konnte sich gut vorstellen, dass Noldi der Vater ihrer Kinder sein würde. Das Glück beflügelte die beiden noch mehr, als sie bald ein älteres Einfamilienhaus kaufen konnten.

Noldi war ein Pferdeliebhaber, und so wurde mit Kutsche und Ross geheiratet. Eine Bilderbuch-Hochzeit! Alles stimmte.

Auch die Herkunftsfamilien waren glücklich über die Begegnung ihrer Kinder (insbesondere die Eltern von Hilde waren stets besorgt gewesen über den früheren »Fast-Schwiegersohn«).

Zweites Warnzeichen:

Wie weit für Hilde auch die ausgesprochenen und unausgesprochenen Bedenken ihrer Eltern eine Rolle für den Wechsel in ruhigere Gewässer mitspielten, ist schwer zu evaluieren. Aber Hilde wollte – wie sie selbst erzählte – es ihren Eltern eigentlich schon »recht machen« ...

> Es mag ja weise sein, wenn junge Leute bei ihrer Wahl auch die
> Lebenserfahrungen ihrer Eltern miteinbeziehen. In dieser
> Geschichte müsste Hilde aber eher auf ihr eigenes Temperament
> achten. So hätte sie vielleicht eher einen »Mann der Mitte«
> gefunden, der beide Seiten ihrer Seele hätte beglücken können.

Sogar in der Religiosität stimmten Hilde und Noldi überein. Sie heirateten in Gottes Namen und versprachen sich, ihre Ehe als heiliges Sakrament zu führen.

Beiden war die übliche Landeskirche zu flau und zu wenig engagiert, daher traten sie bald einem christlichen evangelischen Kreis bei, dem schon die Mutter von Hilde angehörte.

> **Drittes Warnzeichen:**
> Religion kann grundsätzlich ein wunderbares gemeinsames Fundament einer Partnerschaft sein. Zudem beinhalten Religionen verschiedene Weisheiten, die helfen können, eine Beziehung mitzutragen. Religion kann aber leider auch einengend und lähmend sein. Nicht selten drängt sie die Menschen bis zur psychologischen Selbstverleugnung. Vor allem unsere christliche Religion zähmt oft zu sehr die natürliche, gesunde Aggression und den gesunden Egoismus im Menschen. Man hat friedlich und selbstlos zu sein. Mit religiösem Denken kann man einander wunderbar einlullen und friedlich im Zaum halten.

Bald kamen zwei Töchter zur Welt und nach drei Jahren noch ein Sohn. Hilde und Noldi hatten alle Hände voll zu tun. Liebevoll pflegten sie ihre Kinder, ihr Haus und ihre Umgebung.

Noldi ging seiner externen Tätigkeit nach und war stolz, dass er im klassischen Sinne der Ernährer der Familie sein konnte. Kurz, Noldi war ein glücklicher Vater und Ehemann.

Hilde merkte, dass es in ihrer häuslich kleinen Welt zu eng wurde. Zwar liebte sie ihren Noldi, ihre Kinder, ihr Haus und alles, was dazugehörte, aber es fehlte der Duft der großen weiten Welt. Darum trauerte sie doch ein wenig ihrem etwas verrückten früheren Partner nach. Oft forderte sie Noldi auf, er solle doch etwas offener werden und auch ihr Haus wieder mehr für Besucher öffnen. Noldi verstand zwar ihren Wunsch, hatte aber absolut kein Bedürfnis danach, denn er liebte seine enge kleine Welt. Warum sollte er etwas ändern?

Viertes Warnzeichen:

Es ist immer etwas unglücklich, wenn jemand via Partner etwas ändern will. Warum ändert Hilde nicht rechtzeitig selbst ein paar Dinge? Warum holt sie nicht selbst ab und zu etwas frischen Wind in das enge Haus? Sie sei halt nicht so fordernd und aktiv, obschon sie selbst gern Abwechslung und Vitalität habe, meint sie beim Nachdenken nach 19 Ehejahren.

Noldi war schon immer ein introvertierter Mensch und hatte eher Mühe im Kontakt zu anderen Menschen und mit der Kommunikation. Vielleicht liebte er deshalb die Tiere besonders, weil sie weniger geschwätzig sind … Noldi spürte aber, dass Hilde etwas fehlte, und es bedrückte ihn. Denn eigentlich wollte er seine schöne Hilde immer glücklich sehen. Er hatte es ihr weiß Gott versprochen.

So versuchte Noldi noch mehr, Hilde jeden nur erdenklichen Wunsch zu erfüllen. Er war besonders lieb, kritiklos, sehr anhänglich und treu wie ein Hund. Doch gerade diese Unterwürfigkeit und diese dauernde Nähe beengten Hilde. Aber es fehlten ihr die notwendige Vitalität und Aggression, um dieses enge Muster zu durchbrechen.

Fünftes Warnzeichen:

Oft will ein Partner es dem anderen besonders recht machen, und dies wiederum kann sehr einengend sein. Bei dieser Überanpassung eines Partners an den anderen geht das konstruktive Gegensätzliche leicht zugrunde. Es fehlt der befruchtende Dialog, denn bei unterwürfiger Zustimmung verstummt das partnerschaftliche Gespräch.

Mit großer Überwindung holte Noldi ab und zu Leute ins Haus. Doch die wenigen Menschen, mit denen er verkehrte, waren ebenfalls aus dem christlichen Kreis, ruhig und fromm. Diese Besuche verliefen immer nett und übereinstimmend. Gewisse Themen, Sehnsüchte oder Mankos wurden in diesen Kreisen nicht angesprochen. Hilde hatte oft Lust dazu, wollte aber ihren Noldi nicht verletzen und bloßstellen.

Sechstes Warnzeichen:

Es liegt in der Sache selbst, dass sich Paare gern mit Gleichgesinnten einlassen. Doch Blinde können bekanntlich keine Blinden führen. Daher bieten bei Hilde und Noldi die Hausfreunde wenig frischen Wind und Rettung. Dass Hilde durch die eigene Gutmütigkeit die eigentlichen Themen nicht auf den Tisch bringt, ist nachvollziehbar, aber trotzdem sehr tragisch.

Und so zogen die Jahre dahin. Es reichte nicht, um auszubrechen und etwas Größeres zu verändern, aber es reichte auch nicht mehr, um wirklich glücklich zu sein. Hilde und Noldi wurden abwechslungsweise kränklich. Dann waren sie jeweils besonders fürsorglich und lieb miteinander, denn einen Kranken kritisiert man schließlich nicht, schon aus christlicher Nächstenliebe nicht. Außerdem fanden sie in den Krankheiten nun auch ab und zu ein gemeinsames Gesprächsthema ...

Siebtes Warnzeichen:

Ist es nicht zum Heulen, dass in unserer Gesellschaft somatisches Kranksein absolut salonfähig geworden ist, und das alles am helllichten Tage? Vielleicht explodieren daher die somatischen Krankheitskosten in allen Ländern. Wenn aber die Seelen und die Beziehungen erkranken, dann schämen wir uns immer noch, dies offen auszusprechen und zu thematisieren.

Hilde und Noldi würden gut daran tun, ihr häufiges Kranksein einmal zu hinterfragen oder sich hinterfragen zu lassen.

Ein weiterer Grund für das lange Stillhalten bei Hilde und Noldi waren die Kinder. Beide wollten den Kindern eine möglichst stabile und sorgenfreie Jugend ermöglichen. Die Elternschaft war den beiden so wichtig, dass sie dafür in Kauf nahmen, ihr Leben als Liebespaar zu verdrängen und zu bemogeln. Immer wenn sie sich nichts zu sagen hatten, waren sie sehr froh, wenn ihre lebhaften Kinder Geschichten erzählten und für Abwechslung sorgten.

Eigentlich waren Hilde und Noldi differenzierte und nachdenkliche Menschen. Als die erste Tochter auszog, war ihnen sehr wohl bewusst, dass sie nun wieder vermehrt in die eigene Beziehung investieren müssten. Vor allem Hilde erkannte, dass es in ihrem Partnerschaftshaus seit langer Zeit furchtbar eng und langweilig geworden war. Ab und zu konnte sie es sogar aussprechen. Dann machte Noldi jeweils ein sehr leidvolles, bekümmertes Gesicht und verstummte. Dies wiederum tat Hilde Leid, und daher vermied sie immer mehr, die Dinge beim Namen zu nennen.

Bei Hilde und Noldi war es zu spät. Hilde zog eine Scheidung als Befreiung in Betracht, und Noldi verstummte immer mehr. Hilde plagten aber nach der Trennung enorme Schuldgefühle gegenüber Noldi, und diese lähmten sie so sehr, dass ihr ein wirklicher Aufbruch nach dem Ausstieg bis jetzt noch nicht gelungen ist.

Veränderungen müssen sich lohnen

Veränderungen müssen sich lohnen

Unser Dilemma besteht darin,
dass wir Veränderungen hassen
und gleichzeitig lieben.
Wir wollen eigentlich,
dass alles gleich bleibt,
aber alles besser wird.
S. J. HARRIS

Ich will nicht behaupten, dass wir Menschen träge sind, aber so dynamisch und risikofreudig auf Neues – wie wir gerne sein möchten – sind wir selten. Im Gegenteil. Je länger ich Menschen begleite (inklusive mich selbst), bin ich recht ernüchtert, wie wenig wir uns wesentlich im Verhalten ändern.

Wie schön wäre es doch, aus Fröschen Prinzen zu machen ... Entweder müssten wir den Mut haben, uns gegenseitig mehr an die Wand zu knallen, wie beim Froschkönig, oder wir glauben wieder an verzaubernde Märchen.

Sicher kennen Sie Menschen, die behaupten, sie hätten sich dank einer Therapie oder der Methode X wahnsinnig verändert. Aber mit etwas Distanz stellen Sie dann eher enttäuscht fest, dass die Verhaltensmuster dieser dynamischen und an-sich-wahnsinnig-arbeitenden Menschen beängstigend gleich blieben.

Dafür mag es unterschiedliche Gründe geben. Wir klammern uns am Alten fest, weil wir das Neue noch nicht kennen. Vielleicht sind wir auch schon zu oft vom Regen in die Traufe gekommen, oder Veränderungen haben sich ganz einfach nicht gelohnt.

Daher mein Denkanstoß: Veränderungen müssen sich lohnen. Das heißt, es muss uns reizen, oder eben: Der Gewinn muss so groß sein, dass wir dadurch die Angst überwinden und ein Restrisiko auf uns nehmen.

In der Zeit der Verliebtheit ist es erstaunlich, wie Menschen sich ändern können. Darum sollten Paare eigentlich diesen Zauber nutzen. Später, in der ent-liebten Zeit, wird es immer schwieriger.

Und doch sollte man die Kraft und die Chance für Veränderungen in Beziehungen nicht unterschätzen. Tatsächlich können sich Partner sehr wohl beeinflussen und zu Veränderungen verführen und verleiten. Aber dazu sind ein paar Spielregeln nötig.

Grundsätzlich braucht es Akzeptanz und ein Klima des gegenseitigen Vertrauens:

- »Ich mag dich so wie du bist, aber freuen würde es mich schon, wenn du – mir zuliebe – dich in dieser Sache … etwas ändern würdest!«
- »Wenn ich mich in meiner Angelegenheit … ändere, würdest du dich dann in deiner Angelegenheit ändern?«
- »Was würdest du dir wünschen, um bereit zu sein, diese Veränderung zu wagen?«

Die größten Chancen auf echte Veränderungen bestehen dann, wenn man sich miteinander verändert. Das heißt, jeder wünscht und fordert vom Partner etwas, und gleichzeitig wird das Neue angestrebt.

Nehmen wir ein eher schwieriges Thema in Partnerschaften unter die Lupe: das Streiten! Heftige, zermürbende Konflikte und Streitereien fallen bekanntlich nicht vom Himmel. Sie bahnen sich leise an und sind hausgemacht. Natürlich gibt es Paare, die sind konfliktscheuer, und Paare, die sind streitlustiger als andere.

Oft fragen sich aber kritische Paare mit Recht, warum sie eigentlich so viel kostbare Zeit mit sich elend wiederholenden Gifteleien, Schlagabtauschen und heftigen Konflikten verbringen? Streitereien – als eigenwillige Freizeitgestaltung?

In kluger Übereinstimmung stellen Partner ab und zu zwar fest, dass sich dieses mühsame Spiel eigentlich nicht lohnt, sind frustriert, resigniert und ratlos. Was zum Kuckuck läuft hier ab? Paradoxerweise »lohnt« sich ein Teil der Streitkulturen eben doch, weil beide einen Gewinn haben. Streitende Paare bleiben nicht umsonst auch länger zusammen.

Leider ist Streiten jedoch oft nur ein Mittel zum Zweck: Es geht doch nicht um ungebundene Schuhbändel, um den verdorbenen Käse, um das ungebügelte Hemd, sondern um tiefere, »gewinnbringende« Hintergründe in einer Partnerschaft.

Aus systemischer, paartherapeutischer Sicht werden daher oft folgende Fragen gestellt:

■ Wer der beiden Partner profitiert bei dieser hartnäckigen Streitkultur am meisten?
■ Was sind ihre und was sind seine Gewinnanteile?

Derjenige, der mehr profitiert, wird logischerweise gar nicht so interessiert sein an einem Beenden der Streitkultur und an einer wirklichen Veränderung. Einen Streit zu beenden, muss sich nämlich »lohnen«, und zwar für beide Partner. Die Frage »Was habe ich davon, wenn ich aufhöre mit dem Streit (mit diesem Verhalten)« muss gestellt werden.

Zu oft ist eigene Friedfertigkeit missbraucht worden, und gebrannte Kinder scheuen nun mal das Feuer – und Neues erst recht! Lieber ein streitender Spatz in der Hand als eine unbekannte Friedenstaube auf dem Dach. Darum schlagen sich einige Paare lieber jahrelang immer wieder die gleichen Dinge um die Ohren.

Oft habe ich bei erschöpften Paaren Erfolg, wenn ich ihnen das nutzlose Spiel der negativen Kritik (Teufelskreis) aufzeichne und sie auffordere, für eine begrenzte Zeit ein Experiment zu wagen:

■ Ab sofort wird keine negative Kritik mehr ausgesprochen. Beide Partner kennen doch die gegenseitigen Vorwürfe und Nörgeleien bis zur Erschöpfung.
■ Vielmehr sollten sie ab sofort versuchen, einander nur noch positive Feedbacks zu geben.

Warum nicht – auf begrenzte Zeit – wieder einmal die Kreise wechseln?

Negativer Kreis (Teufelskreis)

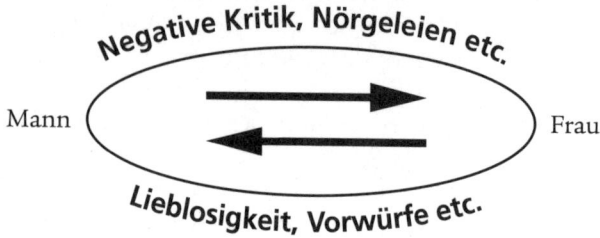

Positiver Kreis (Engelskreis)

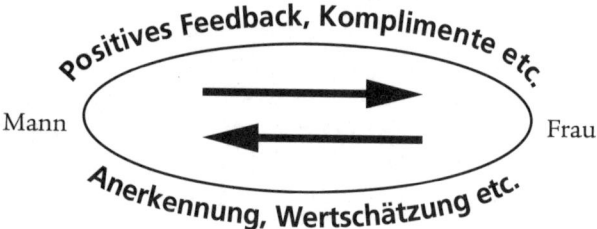

Weil ich die Hartnäckigkeit der Menschen kenne, frage ich jeweils, wie viele Rückfälle sie pro Tag einander noch zugestehen möchten und ab wann es jeweils für den Rückfälligen etwas »kosten« müsse. Beide Partner offerieren dann, zum Beispiel beim dritten Rückfall (wenn zwei pro Tag erlaubt sind), einen Wunsch des anderen zu erfüllen.

Erfreulicherweise können viele Paare durch dieses »einfache« Experiment eine Verbesserung einleiten. Und darauf lässt sich dann wieder eine liebevollere Kultur aufbauen.

Darum: Probieren Sie es doch einmal! Setzen Sie attraktive Belohnungen ein. Es wäre schade, nur aus Bequemlichkeit und aus Mangel an Fantasie auf bessere Tage zu verzichten.

»Nein, ich habe wirklich keine Zeit, Schatz!«
Von Workaholikern und anderen Zeitsündern

Eigentlich wissen wir es: Eine faire Partnerschaft braucht Zeit und Pflege! Aber wir schenken diesem sensiblen Glasperlenspiel einfach zu wenig Zeit. Und dann ..., dann sind wir erstaunt, wenn uns zu Tausenden die Beziehungen zerbrechen. Natürlich gibt es auch ab und zu Paare, denen scheint alles vom Himmel zu fallen, aber diese sind selten geworden!

Nun leben wir in einer verrückten, beziehungsfeindlichen Zeit. Die Arbeitswelt fordert denen, die am Ball sind, unheimlich viel Zeit und Energie ab. Zu viele Paare kommen unter Druck wegen des überfordernden Windes der Wirtschaft. Aber einen anderen Teil des Stresses machen Paare leider auch selbst. Sie stecken bis über beide Ohren in voll gestopften Freizeit-Programmen und sind dauernd auf Achse. Sie konsumieren dermaßen viel, dass sie für die eher stille Liebe oft ein zu hohes Tempo draufhaben. Dieselben Zeitgenossen donnern in den gemeinsamen Urlaubstagen Tausende von Meilen durch die halbe Welt und wundern sich dann, wenn auch in dieser Auszeit - trotz hoher Erwartungen - die Liebe nicht wieder aufblüht.

Sind wir nicht von allen guten Geistern verlassen mit unserem Über-Aktivismus und unserer Keine-Zeit-Haben-Mentalität?

»Du weißt doch, meine Liebe: Für dich hole ich die Sterne vom Himmel. Aber für diese Kleinigkeit habe ich jetzt keine Zeit!«

. . .

Maya und Martin, beide um die dreißig - hübsch, intelligent, sensibel, sozial engagiert - sitzen erschöpft in der Praxis unserer Scheidungsberatung. Maya hat immer wieder Tränen in den Augen. Martin kämpft ab und zu mit verärgerten Emotionsausbrüchen.

Das Paar hat in seiner elfjährigen Geschichte schon sehr viel geleistet. In den ersten vier Jahren waren sie im Ausland, im Süden Afrikas, mit ihren zwei kleinen Kindern - vor zwei Jahren sind sie zurückgekehrt mit einem afrikanischen Adoptivkind.

Martin leitet nun ein Museum, einen Betrieb, der sieben Tage pro Woche offen ist und in verschiedenen Arbeitsschichten geführt wird. Maya arbeitet neben ihrer Muttertätigkeit noch etwa 50% (teils auf Abruf) in einem unruhigen Sekretariat eines mittelgroßen Betriebes. Bei ihrer Rückkehr in die Schweiz kauften sie zusammen ein Haus und haben sich dabei finanziell überfordert.

Die Zeit im Ausland erlebten Maya und Martin aufregend und glücklich. Trotzdem waren sie einverstanden, nach den vier Jahren wieder in die Schweiz zurückzukehren, vor allem um den Kindern eine gute Schweizer Schule bieten zu können. Die große Not vieler Kinder im Drittweltland veranlasste die beiden, ein Kind aus einem Waisenheim zu adoptieren. Das magere, zarte Mädchen war bereits sechsjährig, als es zu Maya und Martin kam. Das Kind war von Anfang an sehr eigenwillig: manchmal unheimlich anhänglich, dann wieder sehr verschlossen und abweisend. Bald waren die Eltern überfordert mit dem »fremden« Kind.

Erstes Warnzeichen:

Es spricht für Maya und Martin, dass ihnen die große Kindernot in diesem afrikanischen Land nicht gleichgültig war. Trotzdem ist es eine sehr gewagte und aufwändige Aufgabe, ein Kind in diesem Alter zu adoptieren und in eine andere Kultur mitzunehmen. Vielleicht wäre es sinnvoller gewesen, ein jüngeres Kind aufzunehmen, das nicht schon eine sechsjährige unbekannte, teils sicher sehr lieblose Kleinkinderzeit erlebt hatte. Vor allem Martin hätte von seiner Ausbildung her wissen müssen, dass die ersten Jahre sehr prägend sind und es bereits viele unheilbare Verletzungen in dieser kleinen Kinderseele geben kann, die nur schwerlich aufzufangen sind und eine Kleinfamilie langfristig sehr belasten können.

Als sie dann in die Schweiz zurückkehrten und Martin die Leitung des Museums angeboten wurde, glaubten sie, dass es realistisch sei, nun ein eigenes Haus zu kaufen. Da die Zeit drängte, sagten sie nach kurzer Überlegung einem Kauf für ein großzügiges

Heim zu. Maya gefiel die Idee, und sie war auch schnell bereit, wieder berufstätig zu werden, um die große finanzielle Belastung mitzutragen.

Zweites Warnzeichen:

Die Überlegungen von Martin und Maya sind nachvollziehbar. Allerdings ist es gewagt, sich so rasch zum Kauf eines teuren Objektes zu entschließen, zumal das Einkommen von Martin eigentlich zu sehr belastet wird. Dass Maya trotz ihrer drei lebhaften Kinder der Meinung ist, sie könne locker noch 50 % arbeiten, ist vorderhand auch verständlich. Trotzdem unterschätzen die beiden engagierten jungen Menschen die finanzielle Belastung durch das Haus.

Zu teure Häuser haben leider schon viele Ehen zum Brechen gebracht.

Bereits von Anfang an gab es eine hektische Zeit: Martin musste das Museum reorganisieren und war dadurch bis zu achtzig Stunden in der Woche mit seinem Projekt beschäftigt. Er beruhigte Maya immer wieder mit der Aussicht, dass nur eine kürzere, strenge Umstrukturierungszeit nötig sei, bis sich seine Arbeitszeit normalisiere und er sich zu Hause wieder mehr engagieren könne.

Drittes Warnzeichen:

In unserer kurzlebigen, sehr von Veränderung geprägten Zeit sind diese Führungsjobs wahre Beziehungskiller. Wer heute etwas bewegen will, muss sehr engagiert sein, und das lässt sich oft nur mit einem enormen zeitlichen Aufwand bewältigen. Dass Martin dieses vielschichtige Objekt etwas unterschätzte und all die Ansprüche und Erwartungen bei der Anstellung zu wenig wahrnahm, ist wiederum verständlich.

Meistens sind es gerade die jugendliche Unbedarftheit und Sorglosigkeit, die junge Familienväter in diese Fallen locken.

Aber auch Maya hatte die Arbeit mit ihren Kindern, den Haushalt und die Berufstätigkeit unterschätzt. Sie arbeitete eigentlich gerne und war auch begabt im zügigen Einteilen. Trotzdem wurde sie förmlich überflutet von zu viel Kleinarbeit und großen Erwartungen. Ihre beiden Kinder im Alter von fünf und acht Jahren waren aufgeweckt und anspruchsvoll. Am meisten aber belastete Maya die Adoptivtochter mit ihrem schwierigen Verhalten. Auch bereitete ihr die Eingliederung in die Schule und die Schweizer Kultur mehr Probleme, als Martin und Maya sich vorgestellt hatten. Maya bekam Schuldgefühle und investierte jede freie Minute für das entwurzelte Kind, was aber zur Folge hatte, dass die eigenen Kinder mit heftiger Eifersucht reagierten.

Viertes Warnzeichen:

Arme Maya! Deine Situation ist schwierig, denn es gibt in deinem Bereich einfach zu viel zu tun. Das lässt sich nicht wegpsychologisieren oder wegzaubern. Mit deinem Versprechen, für das Haus noch mitzuverdienen, hast du dir sehr viel aufgeladen. Vielleicht hättest du aber trotzdem bald die Notbremse ziehen und mit Martin überlegen müssen, ob nicht das teure Haus schleunigst wieder verkauft werden sollte, damit du mehr Zeit für deine Kinder einsetzen könntest.

Leicht kann man ein faszinierendes Haus nicht loslassen, manchmal wird es fast zu einem eigenen »Kind«.

Bald entwickelte sich bei Maya und Martin Folgendes: Maya ärgerte sich bei ihrem strengen Alltag, dass Martin sich nicht mehr für die Kinder und den Haushalt einspannen ließ. Und er spürte die dringlichen Erwartungen von Maya sehr wohl, war aber nun mal in dieser anspruchsvollen Stellung und ertrank selbst fast in den vielschichtigen Problemen. Allerdings machte ihn auch sein Ehrgeiz zum Workaholiker. Martin konnte nur schlecht Arbeit delegieren und glaubte auch, mit seinem Projekt in möglichst kurzer Zeit der Stadt ein Denkmal setzen zu müssen.

Fünftes Warnzeichen:

Diese beiden liebenswerten Menschen sind in bekannte Arbeitsfallen hineingeschlittert. Es war für sie verlockend und aufregend zugleich. Beide haben ihre Kräfte und Grenzen überschätzt. Sie arbeiten zu viel und müssten dringend Ballast abwerfen.

Zudem fand Martin, dass die Kinder ruhig etwas zurückstecken könnten in ihren hohen Erwartungen. Sie müssten doch begreifen, dass ihre Eltern zurzeit viel Stress haben. Und schließlich würden sie auch vom wunderschönen Zuhause profitieren. Insbesondere von der Adoptivtochter erwartete Martin, dass sie schon ein wenig dankbarer sein könnte.

Sechstes Warnzeichen:

Ist es nicht nachvollziehbar, was jetzt abläuft? Beide Partner sind erschöpft und bräuchten dringend Entlastung. Doch niemand ist da, der Lasten übernehmen kann. Martin möchte bei den fordernden Kindern ansetzen. Aber sein Vorschlag greift zu kurz. Dass diese drei Kinder durch den Wechsel des Kulturkreises verunsichert sind und daher eine enorme Zuwendung nötig haben, ist aus kinderpsychologischer Sicht absolut verständlich.

Diese Realität und ihre Folgen müssten berücksichtigt werden. Mit der Heimkehr in die Schweiz wurde den Kindern viel zugemutet. Sie hatten bereits Wurzeln in Afrika geschlagen und mussten nun erneut ihre kleinen Wurzeln ausstrecken. In dieser Zeit der Verunsicherung brauchen sie ihre Eltern besonders, und dies führt unweigerlich zu einer Mehrbelastung.

Maya und Martin merkten, dass ihre Partnerschaft gefährdet war, und meldeten sich für eine Ehetherapie an. Die gewählte Therapieform war psychoanalytisch ausgerichtet. Es wurde kostbare Zeit verschwendet, indem stundenlang rückwärts blickend analysiert und über die psychischen Belastungen beider Seelen geredet wurde. Zwar brachte dieses Aussprechen jeweils eine gewisse momentane Entlastung, aber es wurden keine konkreten systemischen Veränderungen eingeleitet.

Martin und Maya reichten nach der sechsten Sitzung die Scheidung ein.

Siebtes Warnzeichen:

Ein heikler Kommentar, der vielleicht manche Psychotherapeuten verärgern wird. Trotzdem sei erlaubt, dem Therapeuten vorzuwerfen, dass er dringend auf konkrete Veränderungen hätte setzen sollen, denn Reden allein genügte in der Situation von

Martin und Maya nicht mehr. Das Paar war in großer Not und am Ertrinken. Es hätte schleunigst Ballast abwerfen oder sich praktische Hilfe organisieren müssen (zum Beispiel mit einem Hausverkauf, einer anderen Finanzierungsmöglichkeit, einer Entlastungshilfe für Maya etc.). Eine lösungsorientierte Beratung wäre in diesem Fall sinnvoller gewesen. Eine Beratung, die nach Veränderung und neuen Lösungen suchen hilft und auffordert, etwas im gegenwärtigen System zu verändern. Es müssten mittels Krisenintervention »Nägel mit Köpfen« gemacht werden.

Leider wird in vielen Eheberatungen oft zu lange rückwärts blickend gearbeitet, während die Partnerschaftshäuser schon lichterloh brennen.

Die Unterschiede von Frau und Mann respektieren

Falls Sie etwas erklärt haben möchten,
fragen Sie einen Mann.
Falls Sie etwas erledigt haben möchten,
fragen Sie eine Frau.
MARGARET THATCHER

Mag die Behauptung des Amerikaners John Gray, dass Männer vom Mars kommen und Frauen von der Venus, auch etwas überspitzt sein, ein bisschen trifft sie durchaus zu.

Wie schwierig ist es doch für eine weibliche Seele, eine männliche zu begreifen, und wie schwierig ist es doch für Männer, das eigenwillige Denken der Frauen zu verstehen (von der Seele ganz zu schweigen).

Wer hat nicht schon zwei völlig verschiedene Geschichten über die gleiche Ehe erzählt bekommen: seine Ehe und ihre Ehe. Von zwei unterschiedlichen Menschen unterschiedlich wahrgenommen und durchlitten ...

Es scheint, als würden uns nicht nur die Biologie, die Geschichte und die Erziehung immer wieder neu auseinander treiben, sondern noch ein paar andere unheimliche Kräfte.

Immer wieder hat in der Geschichte von Frau und Mann ein Geschlecht versucht, das andere umzukrempeln. Den letzten großen »Umkrempelungsversuch« haben die Frauen mit uns Männern in den letzten Jahrzehnten gemacht. Maya Storch schreibt dazu in ihrem Buch »Die Sehnsucht der starken Frau«: »Wir haben aus dem wilden Wolf einen Schoßhund gemacht, und der Schoßhund war uns lästig. Dann haben wir ihn rausgeschmissen.« Nicht gerade ein liebevolles Experiment. Doch was haben wir Männer schon alles angerichtet ...

Warum machen wir einander das Leben so schwer? Warum haben wir nicht längst im Kleinen wie im Großen gemerkt, dass es uns nur gut gehen kann, wenn es dem anderen Geschlecht auch gut geht?

Warum nehmen Paare bei vollem Verstand den tiefen Abgrund des Zerbrechens in Kauf und gefährden sogar das Wohl ihrer eigenen Kinder, die sie lieben?

Ist das Ganze etwa ein fürchterlicher Schöpfungsfehler?

Sollten sich nicht all unsere Intellektuellen, Nobelpreisträger und sonstigen klugen Leute zusammentun, um endlich eine Korrektur anzubringen?

Vielleicht wird dieser unheimlich raffinierte Schöpfungsfehler aber auch ganz bewusst eingesetzt, damit wir dauernd gefordert und dadurch tolerant und weise werden?

Unsere Gesellschaft entwickelt sich immer mehr zu einer Kultur von Singles; in der Schweiz sind es bereits mehr als eine Million. Ist diese schleichende Vereinsamung eine Lösung mit Zukunft? Alle wohnen allein und holen beim anderen Geschlecht nur noch, was man unbedingt braucht. Kontakte richten sich hauptsächlich nach Bedürfnissen des Einzelnen – auf Zeit. Ansonsten lassen wir uns wohlweislich in Ruhe.

Oder wir versuchen, mit dem gleichen Geschlecht zusammenzuleben:

Männlein in Horden, wieder männliche Rituale einübend – Weiblein in exotischen Harems unter sich …

Vielleicht kommen wir einfach nicht darum herum, dass wir es immer wieder miteinander versuchen. Nicht nur stundenweise, sondern wirkliches Zusammenleben unter einem Dach, damit wir »aneinander« wachsen können.

John Gray behauptet gar: »Nicht gebraucht zu werden, ist für einen Mann (eine Frau) der schleichende Tod.«

Ein weiteres wichtiges Argument für die Akzeptanz der Unterschiede von Frau und Mann – und gegen ein schnelles Verlassen der Gemeinsamkeit – sind die Kinder. Untersuchungen bei allein Erziehenden haben ergeben, dass den heranwachsenden Knaben und Mädchen doch Entscheidendes fehlt. Die Väter sind wichtiger, als viele Frauen heute wahrhaben wollen. **Väter machen vie-**

les anders, aber sie machen nicht alles falsch! Ich bin überzeugt, dass für ein gesundes Aufwachsen mit optimalen Bedingungen das weibliche und das männliche Wesen da sein müssen. Aus diesem Grund macht das Zusammenleben von Frau und Mann zumindest während des Heranwachsens ihrer Kinder durchwegs einen Sinn. Mindestens in dieser Zeit lohnt es sich, das oft mühsame Spiel miteinander zu wagen.

Zudem ist es wichtig, den Kindern tagtäglich vorzuleben, wie Männer und Frauen miteinander umgehen sollten – und wie eben nicht.

Es ist hilfreich, die Unterschiede zwischen Frau und Mann wirklich zu kennen und anzuerkennen. Vielleicht könnten sich junge Paare zukünftig gelassener zurücklehnen und immer wieder zueinander sagen: »Du bist halt so!«

Natürlich sind fixe Zuschreibungen an Frauen und Männer etwas heikel, doch – mit Humor betrachtet – treffen sie wohl schon ein wenig zu:

- Männer verschlafen die ersten Alarmzeichen!
- Männer schweigen wie die Lämmer (wenn es um die Liebe geht)!
- Männer reden über Gefühlssachen nur ungern!
- Männer suchen zu schnell nach Lösungen!
- Männer reden zu gerne um die Gefühle herum und bleiben auf »ihren Sachebenen«!
- Männer pflegen Beziehungsangelegenheiten oft nur halbherzig!
- Männer wollen zu oft, dass Frauen denken und reagieren wie Männer!
- Männer haben ein tieferes »Putzlimit« (oft sind sie für Frauen Schmuddelkinder)!
- Frauen können nicht vergessen!
- Frauen fällt es schwer, einen Strich zu ziehen und neu anzufangen!
- Frauen stellen oft erschreckend viele Fragen!
- Frauen wollen oft ihre Männer zu ihren Söhnen erziehen!

- Frauen fordern immer wieder (zu viele) Liebesbeweise!
- Frauen machen Vorwürfe (und schreiben vieles vor)!
- Frauen wollen zu oft, dass Männer sich verhalten wie Frauen!
- Frauen erwarten zu viel von Partnerschaften!
- Frauen haben ein höheres »Putzlimit« (oft verwechseln sie Glück mit Sauberkeit)!

Ja, liebe Frauen und Männer, vielleicht müssen wir halt doch lernen, all die kleinen und großen Unterschiede besser zu ertragen und zu akzeptieren.

Abgesehen davon erträgt jede Partnerschaft ein paar Unterschiede. Diese erzeugen Reibung, und daran können wir uns erwärmen ...

Vielleicht hilft uns auch ein Zitat von Guillermo Mordillo weiter:
»Nachdem Gott die Welt erschaffen hatte, schuf er Mann und Frau. Um das Ganze vor dem Untergang zu bewahren, erfand er den Humor.«

»Ich bin zu müde, Liebling, vielleicht morgen!«
Wenn die Lust auf Sexualität ungleich ist

In der Tat ein trennendes Partnerschaftsthema. Ich bin überzeugt, dass Frauen und Männer unter ihren unterschiedlichen Bedürfnissen nach Sexualität viel zu leiden haben.

Gegenwärtig ist es leider immer noch in unzähligen Ehen so, dass Männer mehr Lust auf die Lust haben. Glücklicherweise zeichnet sich am Horizont aber eine positive Veränderung ab: Lebendige und lustvolle Frauen machen sich bemerkbar und fordern die Männer heraus ...

Noch ist es aber in vielen Ehen für Männer schwierig, immer wieder draußen vor der Tür zu stehen, um zu warten, bis sie gnädigst einmal Einlass in den Garten der Lust bekommen. Oder sie müssen über siebenundzwanzig Brücken gehen und ... Manchmal sind sie längst in einem anderen Lustgarten.

Aber auch für Frauen ist es nicht angenehm, wenn sie immer wieder zu sehr bedrängt werden und den schmollenden, unbefriedigten Männern ausgesetzt sind, welche in dieser Situation nämlich oft verdammt ungemütlich werden und rasch an Reiz und Charme verlieren.

Doch statt sich nun gegenseitig das Leben schwer zu machen, sollte miteinander eine Kultur gefunden werden, in der beide unterschiedlich lusthungrigen Wesen ihren Platz bekommen. Anregungen dazu finden Sie im Kapitel »Lebendige weibliche und männliche Sexualität«.

. . .

Stefan und Renate haben sich in einem Sportclub kennen gelernt. Beiden war es wichtig, sich fit zu halten, und so entstand anfänglich ein übermütiges Rivalisieren im Sport. Später kam Liebe dazu. Vor allem Renate hatte Freude an dem attraktiven, intelligenten Mann. Sein ruhiges und freundliches Auftreten gefiel ihr besonders. Stefan war von dieser Frau, die wusste und sagte, was sie wollte, fasziniert. Auch ihr sinnlicher Körper gefiel ihm. Stefan war ein sehr potenter junger Mann, und die Sexualität war ihm täglich im Kopf.

Natürlich hielt er seinen Hunger anfänglich zurück, um Renate nicht zu erschrecken oder zu verlieren. Schließlich war er ein zivilisierter, gebildeter Mann, und diese emanzipierte, kluge Frau wollte er nicht verlieren.

Wie viel körperliche Sinnlichkeit zugelassen wurde in der jungen Liebesgemeinschaft, bestimmte Renate von Anfang an. Stefan hielt sich vornehm zurück.

Erstes Warnzeichen:
Stefan müsste wohl schon zu Beginn klar deklarieren, wie wichtig ihm neben allem anderen auch die körperliche Zuwendung und die Sexualität ist. Stattdessen richtet er sich schon von Anfang an nach dem »Maß« von Renate.

Zumindest müssten sie in der Zeit der Begegnung und der Verliebtheit ausgiebig über ihre Lust an der Lust reden. Denn die Machtmuster in der sexuellen Liebe werden sehr früh gestrickt.

Renate spürte Stefans großes Interesse an der Sexualität und genoss anfänglich seine hungrige, fordernde Art. Weil sie ihn liebte, ging sie so gut sie konnte auf seine Wünsche ein, obwohl ihr Stefans »Unersättlichkeit«, wie sie es nannte, schon damals manchmal etwas lästig und zu viel wurde. Es gelang ihr jedoch mehrheitlich, die gemeinsame Zeit ohne große Anstrengungen für »Wichtigeres« umzupolen.

Zweites Warnzeichen:
Auch Renate müsste diesen unterschiedlichen Appetit ernster nehmen. Entweder sollte schon jetzt eine »ausgeglichenere« Kultur gefunden oder zumindest allfällige Kompensationen und Folgen besprochen werden.

Renate wusste schon als Kind, dass sie später eine Familie gründen und Mutter werden möchte. Mit Freuden wollte sie dieses Vorhaben nun mit Stefan angehen. Zwar zögerte Stefan immer noch, aber bald ließ auch er sich gerne in die Träume einer gemeinsamen Familie verführen. Insgeheim hätte er die unverbindliche Wochenendkultur gerne noch etwas länger ausgelebt ...

Renate fiel es leicht, den Beruf aufzugeben, denn so sehr liebte sie ihren Job nicht. Sie drängte also auf eine baldige Hochzeit und gab überraschend ihre Tätigkeit auf. Sie wollte sich vollkommen der neuen Zeit und den neuen Aufgaben widmen.

Drittes Warnzeichen:
Die Gründung einer Familie ist dermaßen zentral, dass beide Partner wirklich zur gleichen Zeit auf dieses große Abenteuer einsteigen sollten. Natürlich müsste Stefan noch etwas deutlicher zu seinen Zweifeln und seinen Vorstellungen stehen. Leider nur zu oft setzt sich der handelnde Partner durch, und der andere »trampelt« unentschlossen hinterher. Nicht miteinander abgesegnete Entscheidungen rächen sich, indem später die Verantwortung oft ungleich mitgetragen wird.

In der Zeit der Wochenendbegegnungen hatten Renate und Stefan einen guten sexuellen Austausch. Ab und zu übernachteten sie zusätzlich während der Woche beieinander, und es kam zu zärtlichen Kontakten und »Verschmelzungen«.

Wenn Renate für das Empfinden von Stefan zu abweisend und nur wenig einladend war, machte er sich darauf eher rar und suchte weniger Kontakt. Renate aber liebte das Zusammensein mit Stefan so sehr, dass sie diese Regulierung der Kontaktnahme durch Stefan zwar bemerkte, aber nie thematisierte. Vielmehr versuchte sie sich stärker an die Wünsche und Rituale von Stefan anzupassen, damit ihr Lover so viel Zeit wie möglich mit ihr verbrachte.

Viertes Warnzeichen:
Diese feine Regulierung zwischen zwei Partnern findet im freien Feld leichter statt als im gemeinsamen Boot. Jetzt hat Stefan (noch) die Möglichkeit mitzubestimmen, wie viel Lust bei ihnen gelebt werden darf. Mit seiner An- oder Abwesenheit hat auch er sein »Machtinstrument«. (Anwesenheit wird mit Sexualität gleichgesetzt.)
Vielleicht ist diese erste Zeit deshalb für junge Paare oft die schönste: Das Geben und Nehmen von Stunden reguliert vieles. Dieses Muster ist eigentlich sehr partnerschaftlich und emanzipiert. Vielleicht müsste in dieser Richtung das Spiel der Macht in der Liebe weitergesponnen werden?

Bald wurde geheiratet, und Renate wurde schwanger. In diesen ersten gemeinsamen Wochen hatten sie es weiterhin gut. Es gab viel Neues. Die Wohnung musste eingerichtet werden, und das gemeinsame Liebesnest, wie sie es nannten, wurde liebevoll und sinnlich geschmückt.

Nach der Geburt des ersten Sohnes wurden die sexuellen Kontakte selten. Renate hatte alle Hände voll zu tun mit dem kleinen Mann. Stefan hatte Verständnis für diese intensive Zuwendung. Zudem hatte auch er viel Freude an seinem Sohn und half mit. Aber natürlich begann er die fehlende Sexualität zu vermissen. Allerdings konnte er das Problem nie richtig thematisieren, weil die

Realität des Alltags bereits schon eine Antwort gab. Immer wieder befriedigte er sich selbst, machte viel Sport und versuchte sich von seinem sinnlichen Hunger abzulenken.

Fünftes Warnzeichen:

Im Grunde genommen ist es eine Tragik, die viele junge Familien schon bei der Geburt des ersten Kindes einholt. Zum Kinderkriegen braucht es die Sexualität. Wenn die Frucht dann aber da ist, braucht es diesen Lustakt scheinbar nicht mehr. Verständlich, dass für junge Mütter, die eine dermaßen fordernde und faszinierende Aufgabe mit dem kleinen Erdenbürger hautnah erleben, die anderen Bedürfnisse in den Hintergrund rücken. Nur sind leider die jungen Väter von Natur her nicht gleichgeschaltet. Sollten die Väter nach Geburten für mehrere Monate oder Jahre in einen sexuellen Tiefschlaf fallen, damit sie sich nicht »versündigen« oder beim Abseitsstehen allzu sehr leiden müssen? Die Realität der unterschiedlichen sexuellen Bedürfnisse in dieser Zeit liegt in der Natur der Schöpfung von Frau und Mann. Da gibt es keine Täter und Opfer, höchstens einen kleinen Schöpfungsfehler mit oft verheerenden Folgen.

Renate war ein Einzelkind und litt darunter. Daher wünschte sie sich von Anfang an mehrere Kinder. Stefan hatte diesem Wunsch schon vor der Hochzeit zugestimmt. Nun wurde ihm jedoch bewusst, welche große Konsequenz dies haben würde, vor allem für sein Lustbedürfnis. Aber er liebte nun mal seine Renate und wollte ihrem Glück nicht im Wege stehen und hielt seine Bedenken zurück. Bald wurde Renate wieder schwanger, und die Familie wuchs.

Sechstes Warnzeichen:

Nun bahnt sich eine immer gefährlichere Situation bezüglich der unterschiedlichen Bedürfnisse an. Renate hat sich rechtzeitig durchgesetzt und verwirklicht nun ihre Träume. Stefan gerät immer mehr in ein Defizit seiner sinnlichen Bedürfnisse. Vor der Geburt des zweiten Kindes müssten Stefan und Renate nun dringend klug aushandeln, inwieweit sich beide Bedürfnisse nicht doch besser realisieren lassen.

Stefan kam immer mehr unter Druck. Einerseits freute auch er sich an seinem Zuhause – an der wachsenden Familie – und dass seine Renate sehr glücklich schien. Trotzdem nagte in ihm immer stärker ein tiefes Unbefriedigtsein, und er kompensierte es mit Dingen, die ihm früher dumm und lächerlich erschienen. So kaufte er sich ab und zu Pornohefte oder guckte spät nachts noch im Fernsehen, ob nicht doch irgendwo ein wenig Fleisch und Sex ausgestrahlt würden. Aber so richtig befriedigen konnten ihn diese Dinge nicht. Er wurde mürrisch und unzufrieden. Immer öfter gab er bitterböse Kommentare ab, die Renate erschreckten und tief verletzten. In solchen Tagen hatte sie noch weniger Lust, sich ihm gegenüber zu öffnen, obschon sie eigentlich wusste, was ihm fehlte.

Siebtes Warnzeichen:
Leider entwickeln sich die Dinge bei Renate und Stefan wie in tausend anderen jungen Ehen. Schleichend entfernen sich die beiden Liebenden voneinander. Der Mensch kann eine gewisse Zeit verdrängen und kompensieren, auf die Dauer ist es aber Zündstoff für Vulkanausbrüche. Dieses Paar müsste sich dringend aussprechen und dem Manko von Stefan mehr Rechnung tragen. Die Elternschaft nimmt zu viel Raum ein, und die Paarebene bekommt gefährliche Risse.

Stefan war nur einmal – und lange vor der Zeit mit Renate – in einem Bordell gewesen. Mit seinem Jugendkumpel hatten sie damals nacheinander an einem Abend dieselbe Frau besucht. Ein Erlebnis, das ihn zugleich abgestoßen und fasziniert hatte.

Leider verbesserte sich zu Hause die sinnliche Befriedigung von Stefan nicht. Immer wieder überlegte er sich, in ein Bordell zu gehen, um die sexuelle Lust einmal so richtig ausleben zu können. Während Wochen trug Stefan diesen Gedanken mit sich herum, bis er eines Mittags frühzeitig wegen eines Zahnarztbesuches von der Arbeit musste und keine Lust verspürte, nochmals zur Arbeit zurückzukehren, aber auch noch nicht nach Hause gehen mochte. Kurz entschlossen und mit Herzklopfen suchte er eine Prostituierte auf.

Er genoss diese Art »Zuwendung« für einen kurzen Moment, nachträglich blieb aber ein eher schales und nur mäßiges Glücksgefühl zurück.

Achtes Warnzeichen:

Nun passiert leider auch bei Renate und Stefan, was häufiger vorkommt, als es unserer Gesellschaft lieb ist. Diese Kompensation mag zwar »familienerhaltend« sein, aber eigentlich ist es ein trauriges und ungelöstes Thema. Auf beiden Seiten der Geschlechter wird oft zu kurz gegriffen: Männer tun so, als wäre es die normalste Entwicklung und die natürlichste Konsequenz, so quasi, als gäbe es ein Recht auf Ersatz. Die Frauen verurteilen diese Kompensation stets als eine peinliche Schwäche der Männer und sehen in ihr den Zerfall von Sitte und Anstand. Müssten wir aber diese Realität nicht zusammen angehen und versuchen, die Sexualität wieder vermehrt in die Partnerschaften und Familien zu tragen?

Renate merkte lange nichts von den immer wiederkehrenden Bordellbesuchen ihres Mannes. Zwar erstaunte sie die Zunahme seiner persönlichen Kontoabbuchungen, aber er war früher immer so sparsam gewesen, dass sie sich vornahm, nicht darauf zu reagieren.

Da Stefan sie weniger häufig mit seinem sexuellen Verlangen bestürmte, glaubte sie, er habe nun endlich begriffen, dass es in der Zeit mit den Kleinkindern weniger möglich ist und er nun »reifer« und vernünftiger geworden sei.

Renate wünschte sich noch ein drittes und letztes Kind. Stefan fand, auf eins mehr komme es nun ja auch nicht mehr an, sie seien halt einfach eine Kinderfamilie.

Neuntes Warnzeichen:

Dass Stefan unkritisch und oberflächlich dem weiteren Kindersegen zustimmt, ist unklug. Er müsste sich mit seinen Bedürfnissen und Defiziten nun endlich einbringen. Ein Kind mehr spielt übrigens sehr wohl eine große Rolle in einem belasteten Familiensystem.

Beide freuten sich, dass auch das dritte Kind gesund und munter zur Welt kam. Nun hatte Renate aber wirklich alle Hände voll zu tun. Sie war eine aufmerksame und liebenswürdige Mutter. Stefan war froh, dass sie nun genug Kinder hatte, und hoffte auf ruhigere Zeiten. Die lebhafte und allgegenwärtige Kinderschar nervte ihn aber immer mehr. Daher versuchte er auch öfter »wegzuschleichen« und sich außerhalb der Familie zu engagieren. Da die fünfköpfige Familie viel Geld benötigte, befürwortete auch Renate ein Engagement von Stefan in einer politischen Organisation. Dieses Amt brachte der Familie einen kleinen finanziellen Zuschuss.

Dort lernte Stefan Susanne kennen, eine ledige, engagierte Powerfrau. Stefan wunderte sich, dass diese sinnliche und gut aussehende Frau noch ohne Partner war, und suchte ihre Nähe, wann immer er konnte. Als dann irgendwann noch ein Nachttrunk bei Susanne eingenommen wurde, knallte der kleine Amorschütze wie wild mit seinen Liebespfeilen um sich. Zwar dachte Susanne anfangs eher an ein kurzes Abenteuer als an eine neue, feste Beziehung. Da sie aber zusammen eine wunderbare, hungrige Sexualität erlebten, wiederholten sich die sinnlichen Begegnungen häufig.

Zwar machten sich beide Sorgen wegen Renate, und oft quälte sie das schlechte Gewissen. Der Appetit auf Sexualität war aber so groß, dass sie den Gedanken an Renate immer mehr verdrängten.

Zehntes Warnzeichen:
Eine unheilvolle Entwicklung hat sich nun eingeschlichen – nein, nicht eingeschlichen, denn sie war eigentlich absehbar. Eine Folge unbefriedigter Bedürfnisse, die leider öfters vorkommt. Sexuell hungrige Menschen finden immer wieder irgendwo einen gedeckten Tisch und ... vergessen die Ehe-Moral. Es sind keine bösen Menschen, nur etwas schwach. Ein uraltes Spiel, für Familien aber sehr bedrohlich und zerstörend.

Zu Hause war Stefan plötzlich viel liebevoller und aufmerksamer. Auch seine Unzufriedenheit war verflogen. Renate bemerkte diese Veränderungen, war aber so sehr mit ihren drei Kleinkindern beschäftigt, dass sie sehr dankbar für den zufriedeneren Stefan war und keine weiteren Fragen stellte.

Sie erlebten eine recht friedliche Zeit. Vor allem lebten sie ihre Mutter- und Vaterrolle. Auf der sexuellen Paarebene war Ruhe eingekehrt. Beide schienen damit einverstanden zu sein.

> **Elftes Warnzeichen:**
>
> Nebenfrauen, Mätressen, Nebenmänner und Liebhaber können Familien bedrohen, aber auch erhalten. Viele Ehen überleben dank diesen stützenden und »aushelfenden« Menschen.
>
> Vielleicht müsste man offener werden und darüber nachdenken, ob es während der Kinderzeit nicht erlaubt sein sollte, vermehrt und ganz offiziell eine Außenbeziehung zu pflegen. (Diese Zeilen werden mich noch Kopf und Kragen kosten . . .)

Durch einen unglücklichen Zufall wurde Renate von einer »Freundin« über das Verhältnis von Stefan und Susanne informiert. Dies verletzte und erschreckte Renate so sehr, dass sie sehr emotionell reagierte. Sie wünschte, dass Stefan vor allem der Kinder wegen sofort das Haus verließ, und igelte sich ein. Für sie war es unmöglich, dass Stefan zu Hause den liebevollen Vater spielte und gleichzeitig die Mutter betrog.

Dummerweise bekam Renate in dieser Denkweise von beiden Elternseiten und vielen Freundinnen Unterstützung, und die Fronten verhärteten sich schnell.

Eigentlich hatte Susanne Stefan anfänglich nie und nimmer bei sich aufnehmen wollen, doch nun stand er gekränkt, etwas hilflos vor der Tür und zog halt bei ihr ein.

> **Zwölftes Warnzeichen:**
>
> Die Reaktion von Renate ist leider häufig, irgendwie nachvollziehbar und von der Umwelt akzeptiert, aber eigentlich sehr unvernünftig. Natürlich bräuchte es nun dringend eine Klärung der unterschiedlichen Bedürfnisse und Mut für Veränderungen. Der emotionelle Rauswurf von Stefan dient der Sache nicht.
>
> Vielleicht müsste das Paar sein eheliches Beziehungsmuster mit einer geschickten, neutralen Person analysieren und

> endlich einige Regeln aushandeln, damit auf die
> Bedürfnisse beider Ehepartner besser eingegangen werden
> könnte.

Renate hat ihre Bedürfnisse nach Kindern und Familie gedeckt, Stefan aber ließ seine intimen sexuellen Bedürfnisse beängstigend lange unerfüllt.

Drei Wochen später war der erste Termin in der Scheidungsberatung. Stefan und Renate sind heute geschieden.

DIE SIEBEN WICHTIGSTEN KULTUREN FÜR GESUNDE PARTNERSCHAFTEN

In einer Balance
von Geben und Nehmen
erscheint ein Wir.
Liebe heißt, man selber zu bleiben
und trotzdem zu etwas Größerem zu werden.
Gerade das zähe, anstrengende,
scheinbar kleinliche Verhandeln,
dieses Hin und Her,
wie du mir, so ich dir,
und diese Freude an der beidseitig ausgehandelten
Lösung auf Zeit ist Liebe.
Gina Schibler

»Wenn du nicht auf mich hörst, höre ich auch nicht auf dich!«
Das sind nicht zwei Kinder, die das zueinander sagen. O nein, das
sind zwei reife, hochintelligente Erwachsene, eine Frau und ein
Mann, die beide sehr aktiv im Leben stehen und nun ziemlich erschöpft in meiner Praxis sitzen …

Es ist schon erstaunlich, wie kluge Menschen, die ausgesprochen lebenstüchtig sind, solche Sätze aussprechen, wenn es um
den Beziehungskampf geht.

Wenn die Frage »Was hält eigentlich Paare zusammen?« gestellt
wird, flüstern verliebte Paare: »Natürlich die Liebe.« Und fromme
Menschen werden überzeugt antworten: »Natürlich der Glaube!«
Psychologen werden erklärend ausholen: »Natürlich das Wissen
über den Menschen!«

Und so weiter und so fort.

Alles recht und gut. Aber um die sieben Partnerschaftskulturen
wird niemand herumkommen. Jede Beziehung lebt von diesen
fundamental wichtigen Substanzen.

Darum habe ich die folgenden Themen auch Kulturen genannt. Diese an sich einfachen Wahrheiten können über eine gute oder schlechte Partnerschaft entscheiden. Es sind teils logische und einfache Spielregeln, die über Gelingen oder Zerbrechen mitbestimmen, eine Ehe zu etwas Glücklichem oder eben – wenn sie fehlen – zur Hölle machen.

Darum lohnt es sich, dass wir uns in diesem frischen Jahrtausend auf diese wichtigen Beziehungs-Kulturen besinnen, die unser Zusammenleben so stark beeinflussen und »kultivieren«.

Selbstverständlich gibt es noch mehr als die sieben Kulturformen. Und doch glaube ich, dass diese folgenden Hinweise eine fundamentale Hilfe für langlebige Beziehungen sein können, denn sie sorgen für einen gesunden, kultivierten Boden, worauf dann der Liebesbaum kräftig, schön wachsen und gedeihen kann!

Sie können auch als Grundnahrungsmittel für gesunde Partnerschaften verstanden werden.

Zu einem brauchbaren Frühwarnsystem gehört das vorbeugende Denken:

Partnerschaften so gesund gestalten, dass Beziehungskrankheiten gar nicht erst ausbrechen.

Lohnt es sich nicht, liebevoll die Kultur in der eigenen kleinen partnerschaftlichen Welt zu hegen und zu pflegen, weil »draußen« in der Wirtschaft und Politik, wo wir nur bedingt etwas mitgestalten können, gegenwärtig ein rauer Wind bläst? Irgendwo müssen doch unsere Seelen in dieser globalisierten und verrückten Welt beheimatet sein.

Liebevolle Wertschätzung und Akzeptanz

Als ich ein älteres, zufriedenes Ehepaar, das sehr liebevoll miteinander umgeht, nach seinem Zaubertrank fragte, haben beide lange nachgedacht. Dann sagte sie: »Wir haben uns all die Jahre immer geschätzt, vor allem auch die Leistung des anderen.« Nach ein paar Augenblicken ergänzt er: »Ja, und wir hatten immer Respekt voreinander.«

Diese Worte mögen etwas altmodisch klingen, aber sie sind immer noch hochaktuell.

Wertvolle Partnerschaften leben von einer gegenseitigen Wertschätzung, von Akzeptanz und Respekt.

Zudem wachsen aus Respekt und Wertschätzung auch Vertrauen und Toleranz. Das Vertrauen in den anderen beginnt zu tragen: **Ich traue dir zu, dass du für mich Sorge trägst.**

Ebenso wächst die Toleranz, dass der Partner ein anderes Wesen, ein eigenständiges Individuum ist.

Dieser fruchtbare Boden der Akzeptanz und der Toleranz lässt Veränderungen und Beweglichkeit zu. Wer mit Menschen arbeitet, weiß: Zuerst müssen sich Seelen verstanden fühlen. Erst dann können Menschen zuhören und sich verändern.

Respekt und Toleranz sind auch das Fundament für das Motto »Leben – und leben lassen«! Der Stoff, aus dem glückliche Paare gemacht werden ...

Was geschieht, wenn Wertschätzung und Respekt verkümmern, wenn Paare einander lieblos entwerten und die alltägliche Leistung und Aufmerksamkeit des Partners nicht mehr schätzen?

■ Dieser Teufelskreis beginnt oft, wenn Partner zum Beispiel finden, das bisschen Haushalt und das bisschen Mit-den-Kindern-Spielen oder das bisschen Im-Büro-Hocken und Abends-die-Füße-Hochlagern seien gar nichts Besonderes.

■ Tragisch wird es, wenn sich Respektlosigkeit einschleicht und Entwertungen der Persönlichkeit gemacht werden. Wenn lieblos vor Dritten von den Defiziten, Problemen und der Mittelmäßigkeit des Partners gesprochen wird.

■ Der Zerfall zeigt sich auch in einer respektlosen Gesprächskultur, wenn einander kaum mehr sorgfältig zugehört oder kaum mehr gesprochen wird.

■ Alarmierend ist die Entwicklung, wenn jeder Gast, jedes Telefon vorgeht. Zuerst kommen alle anderen, und dann, wenn alle anderen beglückt sind, dann ... ja dann bleibt vielleicht noch etwas Zeit für den Lebenspartner.

■ Gefährlich wird es, wenn man sich (nur noch) für externe Auftritte schön macht und zu Hause der lumpige Jogginganzug vollauf genügt. Im Haus wird nicht nur abgeschminkt, sondern auch geschlampt.

Nichts gegen legere Genügsamkeit, doch es wäre klüger, wenn man sich ab und zu nur für den Partner pflegen und schön machen würde ... oder das Abendessen nur für zwei allein liebevoll hergerichtet und ein feiner Wein entkorkt würde; wenn für das intime Miteinander eine aufmerksame und wertschätzende Kultur gelebt würde.

Diese Kultur der Wertschätzung ist eigentlich simpel. Und doch hat sie eine so große Bedeutung, dass sie hier bewusst an erster Stelle erwähnt wird. Die Wertschätzung ist eine fundamentale Grundhaltung. Das andere Miteinander wird darauf aufgebaut.

Es ist sinnvoll, ab und zu hinzuschauen, ob die gegenseitige Wertschätzung und der Respekt voreinander noch vorhanden sind. Vielleicht ist es nötig, in einer konstruktiven Form wieder um etwas mehr Wertschätzung zu bitten oder exakt zu analysieren, wo und in welchem Bereich sie angesagt wäre. Nicht jede Seele braucht besondere Schätzung in allen Dingen. Es gibt Bereiche, da ist man selbst so robust ausgestattet und genügt sich selbst. In anderen Bereichen ist man aber sehr verunsichert und braucht von Zeit zu Zeit die lebensnotwendige Aufmerksamkeit. Ansonsten verkümmert die Seele, man fühlt sich mies, lieblos behandelt und denkt an Flucht oder ans Aufgeben.

Schlimm, wenn aus Wertschätzung und Achtung gar Verachtung wird. John Gottman sagt sogar in seinem Buch ›Lasst uns einfach glücklich sein‹: »Verachtung ist eine Form psychischer Gewalt. Die Verachtung tötet die Liebe in einer Ehe.«

Daher ist es wertvoll, wenn Paare in guten Zeiten und eben rechtzeitig einander liebevoll offenbaren, in welchen Dingen sie besonders viel Wertschätzung und Respekt brauchen. So zum Beispiel:

- Mir ist es wichtig, dass du meine beruflichen Leistungen anerkennst.
- Ich wünsche, dass du mein Engagement zu Hause schätzt.
- Ich wünsche, dass du auf meine sinnliche Aufmerksamkeit eingehst.
- Ich wünsche, dass du meinem Bedürfnis nach Vertrauen und Sicherheit Rechnung trägst.
- Ich wünsche mir von dir mehr Respekt vor meinem Körper.
- Ich wünsche mir von dir mehr Wertschätzung für meine Familienangehörigen.
- Ich wünsche mir von dir mehr Respekt vor meiner Behinderung.
- Ich wünsche mir, dass du es schätzt, wie ich mich bemühe, mehr auf meine Gesundheit zu achten.
- _____

Es ist auch wertvoll, »kleinere Dinge« wieder einmal auszusprechen, wie:

- Ich schätze deine Bemühungen um Pünktlichkeit.
- Ich schätze deinen Verzicht aufs Rauchen.
- Ich schätze deine fantasievolle Erotik.
- Ich schätze deine liebevolle Kochkunst.
- Ich schätze deine Aufmerksamkeit in unseren Gesprächen.
- Ich schätze und liebe deine _____

Wenn ich Paare auf die besonderen Wertschätzungsbereiche aufmerksam mache, bin ich immer wieder erstaunt, dass auch bei langjährigen Eheleuten oft unklar ist, wo diese liegen. Und weil sich Menschen ändern, ändern sich auch diese Bereiche ab und zu.

Meist sind es Verunsicherungen und Defizite, welche noch aus der Kindheit stammen, die in Partnerschaften besonders große Aufmerksamkeit benötigen. Und wehe, wenn diese übersehen werden, wenn wieder in einer ähnlichen Art – aus mangelnder Wertschätzung – verletzt wird. Dann schließen sich Herzen und Bettdecken!

Im Verhältnis zwischen positivem Feedback und Kritik sollte das Positive um das Fünffache überwiegen, da bin ich mit John Gottman absolut einverstanden. Geben Sie Ihrem Partner also das Fünffache an positiven Feedbacks und Wertschätzung. Dann wird er auch eine kritische Botschaft vertragen. Es genügt nicht, weiterhin unsere trockene schweizerische Tugend der stillen Zustimmung zu pflegen. Partnerschaften brauchen Worte (Wertschätzung) und Handlungen. Und so sollten sich Paare immer wieder gegenseitig laut mitteilen, welches ihre besonders wertvollen Seelenschätze sind, die mit viel Respekt und Wertschätzung behandelt werden müssen.

Diese gegenseitige Aufmerksamkeit beflügelt den Einzelnen und lässt die Liebe nicht erkalten!

Offene gemeinsame Gespräche

Liebe braucht Worte! Ohne geht es nicht – höchstens in der Zeit des Verliebtseins. Da kommunizieren Paare mit Streicheln, Küssen und Blicken. Das ist wunderschön! Nichts gegen die Sprache der Verliebten. Aber jede ernsthafte Partnerschaft hat auch eine Zeit danach. Eine Zeit der Freundschaft, eine Zeit des Planens, eine Zeit der Elternschaft, eine Zeit der Krisen, eine Zeit der Veränderungen, eine Zeit der Übergänge, eine Zeit der Wirtschaftlichkeit, und in diesen Zeiten braucht es das offene gemeinsame Gespräch.

Das Gespräch ist wie das Blut in der Beziehung. Es versorgt die Seele der Beziehung zwischen zwei Menschen mit Nahrung.

Wenn Sie nun ein Paar sind mit zwei unterschiedlichen Meinungen und vielen gegensätzlichen Interessen, dann sollten Sie beruhigt sein und sich freuen. Sie sind ein gesundes Paar, denn Sie haben viel zu diskutieren! Hingegen sind Paare gefährdet, die immer das Gleiche denken und sagen, denn sie können keinen Dialog führen.

Viele Paare hätten sich schon etwas zu sagen, aber sie leiden unter Gesprächsproblemen oder gar Sprachlosigkeit.

Vielleicht sind sie verstummt, weil ihnen gemeinsame Gespräche nicht gelingen. Sie verärgern und verletzen einander nur noch.

Um dieser Tragik vorzubeugen, möchte ich Ihnen hier kurz einige »Zutaten« einer weiteren Kultur mitgeben, damit Ihnen sinnvolle und gute Gespräche wieder gelingen.

Wichtig für eine gute Gesprächskultur sind Spielregeln, die dem Paar dienlich und angepasst sind.

Ein temperamentvolles Paar braucht quasi ein paar Beruhigungsregeln, ein stummes Paar eher ein paar Anregungsregeln, damit die Gespräche nicht immer frustrierend enden.

Anregungen für temperamentvolle Paare

- Je nach Temperament sind Vorsichtsregeln nötig und einander zuzugestehen.
- Zeitpunkt für Gespräche richtig wählen, damit beide Partner in einer friedlichen und freundlichen Verfassung sind.
- Orte wählen, wo es beiden wohl ist.
- Genügend Zeit reservieren.
- Genügend Pausen machen.
- Provokationen vermeiden (Paare wissen sehr wohl, wie und womit sie einander reizen können).
- Reizwörter und Abwertungen vermeiden.
- Mehr von sich reden, sich mitteilen (nicht: du bist, du hast ...).
- Wiederkehrende Vorwürfe weglassen.
- Gelbe und rote Karte einsetzen.
- Jeder darf einmal pro Gespräch die Notbremse ziehen (sofortiger Stopp).
- Weglaufen (auf Zeit) ist erlaubt (mit Zeitangabe der Rückkehr).
- Abwechslungsweise das Gespräch leiten und vorbereiten.
- Einander positives Feedback geben. (Sie werden wohl nicht übertreiben, oder?)
- Mit nonverbalen Mitteln kommunizieren: Briefe schreiben, Farben einsetzen, Bilder malen, Musik spielen etc.

- Bei stummen Paaren steckt der Schlüssel oft von innen. Es ist eine Kunst, einander so wohlwollend abzuholen, dass auch Stumme sich von innen öffnen und zu sprechen beginnen.
- Vielleicht muss man ihnen durch die verschlossene Türe ein paar positive Dinge zuflüstern, damit sie aktiv werden.
- Nicht von außen zu sehr an sie heranschwatzen, sondern sie eher von innen her zum Reden bringen (Mut machen).
- Hilfreich dafür ist das **Zwiegespräch**:
  Ein Partner öffnet sein Denken, der andere hört nur zu.
  Ohne Kommentare. Es ist quasi ein lautes, ungeregeltes, unzensiertes Selbstgespräch.
- Sich gut überlegen, wo und wann sie am besten reden können ...
- Einander viele Rückfragen stellen.
- Einander positives Feedback geben.
- Gesprochenes wiederholen und visualisieren.
- Eventuell noch mit anderen Hilfsmitteln das Gespräch anregen: mit Musik, Bildern, Briefen etc.

Zu viele Paare vergeuden kostbare Gegenwartszeit mit rückwärts-bezogenen Gesprächen. Immer wieder quälen sie sich mit Vorwürfen, was alles wieder schief gelaufen sei. Das dauernde Analysieren vergangener Probleme ist Gift für eine Partnerschaft. Schnee von gestern unterkühlt lebendige Paare und zerstört jede Gesprächskultur. **Oft verpassen Paare die Gegenwart und die Zukunft, weil sie sich zu sehr mit der Vergangenheit beschäftigen.**

Ein Zaubermittel für aufbauende Gespräche ist das lösungsorientierte Denken, das Suchen und Reden über neue Wege und Möglichkeiten. Diese Gespräche verlaufen viel konstruktiver und wohlwollender. Zudem können lösungsorientierte Gespräche mithelfen, allfällige Pannen und Fallen rechtzeitig zu orten. Zum Beispiel:

- Aufgepasst, der nächste Donnerstag ist wieder so ein verrückter Tag. Bei uns beiden ist dann wieder viel zu viel los, und wir könnten leicht abstürzen!
- Also, wie die gefährlichen Klippen umschiffen?
- Wie ruhig Blut bewahren?
- Worauf verzichten?
- Was ist im Voraus zu tun, um den schlimmen Donnerstag zu entlasten?
- Eventuell doch etwas verschieben?

Wenn Paare grundsätzlich so viel Zeit, wie sie in Form von Vorwürfen und wiederholender Kritik in die Vergangenheit verpuffen, in die Zukunft investieren würden, könnte es ihnen weitaus besser gehen. Leider wird in Partnerschaften noch viel zu viel in die falsche Richtung »investiert«. Schade!

Lösungsorientiertes Denken ist – vorbeugendes Denken. Ihm gehört die Zukunft.

Welches Gespräch soll es sein?

Es ist sinnvoll, vor einem Gespräch klar zu deklarieren, was und wie der Inhalt des Gesprächs sein soll und wie viel Zeit dafür gewünscht wird. Auf diese Weise werden die Gesprächspartner bessere Zuhörer sein, und verletzende Missverständnisse und Enttäuschungen werden sich weniger einschleichen.

Eine wertvolle Form kann **das Zwiegespräch** sein. Das heißt: Ein Partner lässt seinen Gedanken freien Lauf, und der andere hört nur zu, ohne zu kommentieren und ohne sich einzumischen (nach Michael Lukas Moeller). Danach werden in einer fairen Partnerschaft selbstverständlich die Rollen getauscht ...

Das wichtigste Gespräch einer gesunden Partnerschaft ist **das Seelengespräch** – wenn wir einander aufrichtig interessiert nach unseren Gefühlen fragen: »Wie geht es dir, lieber Schatz? Warum bist du so wütend, traurig, fröhlich, glücklich?«

Dieses direkte Fragen nach unseren Gefühlen kann Paaren helfen, zielgerichtet zum Kern der Sache zu kommen. Denn in unse-

Wann	Wo?	Wie
Den richtigen Zeitpunkt für beide Partner wählen!	Dort, wo es uns beiden wohl ist!	Unsere Gesprächs-spielregeln beachten!
Informationsgespräch	**Organisationsgespräch**	**Paar-Thema-Gespräch**
meine Infos deine Infos und nun _____	Wer macht was Wer macht was nicht Vorgehen _____	deine Themen meine Themen meine/deine Ansichten mögl. Vereinbarungen
Klagemauergespräch	**Klärungsgespräch**	**Das Seelengespräch**
Ein guter Zuhörer hilft, sich Ärger und Frust loszureden. Hör mir bitte nur zu, danke! Möglichst ohne Kommentar!	Wie ist was passiert? Was ist bei mir/dir/ uns schief gelaufen? Hilf mir bitte analysieren, danke!	Wie geht es deiner Seele? Ein Nachfragen nach den Gefühlen, wie Wut, Ärger, Trauer, Frust, Lust, Freude, Glück etc.
Wer	**Was ...**	**Was ...**
• leitet das Gespräch • trifft Vorbereitungen • sammelt Themen • achtet auf Spielregeln?	... verhindert bei uns gute Gespräche: • provozierende Reizwörter • alte Vorwürfe	... fördert bei uns gute Gespräche: • einander Feedback geben • einander ausreden lassen

ren Gefühlen verbergen sich auch die Themen, in denen unser Herzblut steckt.

Um eine gesunde Beziehung erhalten zu können, sollte wöchentlich mindestens ein Seelengespräch stattfinden. Diese direkten Seelenbefragungen von zwei reifen und liebenswerten Partnern können den Psychiater und den Medizinmann ersparen.

Aber es ist auch klug, miteinander frei zu plaudern, ohne feste Absichten und ohne klares Ziel. Nennen wir es ohne Abwertung: **das gemütliche Plaudergespräch.**

Karl Jaspers hat einmal gesagt: »Dass wir miteinander reden können, macht uns zum Menschen.«

Ich möchte ergänzen: ... und das »Wie« entscheidet über glückliche und unglückliche Menschen.

... faire Lastenverteilung!

Faire Lastenverteilung

Sicher stimmen viele Leserinnen und Leser der Notwendigkeit eines fairen Lastenausgleichs in einer Beziehung zu. Nur ist es nicht immer so einfach, die Lasten eines jeden exakt zu erkennen und zu messen. Abgesehen davon haben wir Zeiten, da tragen wir unseren Plunder und all unsere Verpflichtungen mit Leichtigkeit, dann wieder ist uns alles zu schwer, und wir mögen beim besten Willen fast nichts mehr tragen. All diesen kleinen und großen Gewichtsverschiebungen innerhalb einer Partnerschaft immer wieder Rechnung zu tragen, ist eine große Kunst.

Es geht auf der großen Wanderung eines Paares nicht nur darum, wer das Gepäck trägt, sondern auch darum, wer die Karte liest, wer verantwortlich ist für den Proviant, wer das gemeinsame Ziel vor Augen hat und so weiter und so fort.

Die Eheökologie von Nehmen und Geben muss auch im Bereich der Lastenverteilung immer wieder ausgeglichen werden.

In der Regel steht hauptsächlich ein Partner voll und ganz in der Arbeitswelt und stellt dafür oft seine ganze Zeit und seine Power zur Verfügung. Das ist für ausgeglichene Familienmodelle mit gleichen Rollen- und gleicher Lastenverteilung schwierig. Wenn die Männer (meistens sind immer noch sie die »Ernährer«) ihre gesamte Zeit und Energie voll und ganz in den Arbeitsplatz investieren müssen, dann ist zu Hause mit ihnen wenig zu rechnen. Dann heißt es für viele Frauen, wie eh und je für den ganzen Haushalt und die Kindererziehung alleine verantwortlich zu sein und diese Lasten auch alleine zu tragen. Die Einseitigkeit dieses plumpen Familienmodells ist groß, hat ihre Tücken und ihren Preis. Bessere Chancen für das Gelingen einer fairen Beziehung hätten Paare, wenn beide Partner in beiden Bereichen ihr Wirkungsfeld finden könnten: in der Arbeitswelt und zu Hause. Sie würden weniger ermüden oder ausbrennen, und viele Seelen würden gesünder bleiben als beim jetzigen einseitigen System. Die einseitige Zuteilung der Pflichten begünstigt das Auseinanderbrechen der Familien. Bei der Lastenverteilung geht es nicht darum, dass beide unbedingt fünfzig Prozent in der Arbeitswelt und fünfzig Prozent zu Hause übernehmen müssen. Es darf durchaus Schwerpunkte geben, so dass ein Partner beispielsweise 80 % berufstätig ist und 20 % Haus- und Familienarbeit übernimmt. In vielen Arbeitsbereichen wäre dies möglich und auch für Arbeitgeber vorteilhaft. Denn Teilzeitarbeitende sind erwiesenermaßen ausgeglichener, flexibler und weniger krank. Gesellschaftlich, politisch und wirtschaftlich würde sich Flexibilität in diese Richtung auf jeden Fall lohnen.

Um der Gerechtigkeit willen muss hier auch gesagt werden, dass schon heute mehr Paare dieses Arbeitsmodell wählen könnten, wenn sie wollten. Doch Karrieren sind auf diesem Weg natürlich schwieriger zu verfolgen, und außerdem müssen Lohneinbußen in Kauf genommen werden. Wenn aber durch dieses Arbeitsmodell gesündere Partnerschaften und weniger Scheidungswaisen geschaffen werden, so lohnt sich dieses kleine Opfer allemal.

Was machen nun aber Paare, die mit diesem groben Arbeitsmodell leben müssen und wo die Lasten dadurch einseitig und »grob« verteilt bleiben?

- Die Lasten und Leistungen grundsätzlich gegenseitig anerkennen.
- Einander Wertschätzung entgegenbringen dafür, dass die Lasten während all der Tage, Monate und Jahre getragen werden.
- Sporadisch nach der Erträglichkeit der Lasten fragen. Dadurch können Überforderungen eher vermieden werden. Oft tut es schon gut, nur aufzuzählen, mit welch ärgerlichem Kleinkram man sich herumschlägt, wie zermürbend dies und jenes ist. Das gibt Luft. Viele Menschen könnten ihre Lasten besser tragen, wenn sie öfter Anerkennung bekämen. Oder wenn sie ab und zu auch ein wenig jammern und klagen dürften. Das wäre ein gutes Ventil, um Frustrationen etc. loszuwerden!
- Die eigenen und die Lasten des Partners kennen und als aufmerksamer Gesprächspartner erkennen, welche Lasten besonders schwer drücken und wo Energie verloren geht. Der eine Partner kann beim anderen besser erkennen, welche Lasten dringend über Bord geworfen werden müssten, weil er mehr Distanz hat. So sind Frauen durchaus in der Lage, exakt zu analysieren, was in der Arbeitswelt des Mannes abläuft. Oft würden sie das Honorar einer Supervisorin verdienen... Aber auch Männer können erstaunlich klar erkennen, wo Frauen unnötige Arbeiten verrichten und dadurch ausgebrannt werden. Auch sie würden es verdienen, als Berater ernst genommen zu werden...

■ Für den anderen einspringen und ihm rechtzeitig eine Last abnehmen. In Krisen ist es lebenswichtig, dass der Partner vorübergehend Unterstützung anbietet und Lasten übernimmt. Die Erfahrung, sich auf den anderen verlassen zu können, gibt Sicherheit und Vertrauen. Er kann der erschöpften Partnerin für ein paar Tage »ihre« Kinder ins Bett bringen und den Einkauf besorgen. Sie kann ihn für ein paar Tage absolut freistellen von allen häuslichen und anderen Nebenverpflichtungen (den Rücken freihalten). Ein Paar, das sich ab und zu schnell den Ball (die Last) zuwirft, spielt ein starkes Spiel. In dieser Beweglichkeit liegen viele Ressourcen. Jeder hat einen Ersatzspieler und kann für kurze Zeit ausruhen. Und diese Pausen zur rechten Zeit – um zu verschnaufen – sind Gold wert. Das sind Teams für Langzeitbeziehungen!

■ Ab und zu innehalten und seine Lasten überprüfen. In einem aktiven und bewegten Leben ändern sich die Gewichte immer wieder. Beide zählen oder schreiben auf, was sie alles zu tragen haben.

■ Zusammen immer wieder einmal überprüfen, welche fürchterlichen alten Lasten und Verpflichtungen entsorgt werden könnten. Viele Paare schleppen zu viele Altlasten herum und strampeln sich ab mit unnötigen Arbeitsgängen und fragwürdigen »Besuchspflichten« etc.

Nur verheiratet zu sein garantiert noch keine faire Lastenverteilung. Fairness will immer wieder erarbeitet werden.

Bei jungen und älteren Menschen, die im Konkubinat leben, habe ich fantastische Erfahrungen gemacht: Sie bemühen sich meist von Anfang an um eine faire, ausgeglichene Lastenverteilung. Vielleicht weil sie sich nicht auf die ehelichen Rechte verlassen wollen. Wenn die Lasten ihnen noch nicht im Gleichgewicht erscheinen, sind sie eher bereit, nach Lösungen zu suchen. Nicht umsonst überholen sie mit partnerschaftlichen Regelungen – ohne Trauschein und ohne kirchlichen Segen – Ehepaare im Zusammenleben um Jahre. Ein sorgfältiger Lastenausgleich lohnt sich.

Eine gefährliche Zeiterscheinung, die viele Partnerschaften zum Scheitern bringen kann, entstand ursprünglich aus einem sinnvollen psychologischen Denken. Lange Zeit haben Frauen und Männer jedoch vor lauter Aufopferung und christlichem Denken ihre eigenen Bedürfnisse vergessen. Es war notwendig, sie aufzufordern, sich auf ihre eigenen Bedürfnisse zu besinnen. In der Zwischenzeit hat dieses Denken aber raubtierhafte Züge angenommen. Ein liebloser Egoismus hat sich breit gemacht.

Viele Menschen sind heute auf dem Weg zur Selbstentfaltung und Selbstfindung, wie sie selbst sagen. Alle paar Minuten stellen sie sich die große Schicksalsfrage – Richtung Bauchnabel: »Stimmt es für mich?«

Und bei der Beantwortung dieser magischen Frage und bei den Konsequenzen, die sie daraus ziehen, gehen sie oft über Leichen.

Plötzlich ist ihnen diese Frage so wichtig, und die Erfüllung jedes Begehrens wird so zentral, dass sie sich immer mehr von einem sozial denkenden Wesen entfernen.

Mütter verlassen ihre Kinder, weil sie sich selbst finden wollen. Familienväter schleichen weg mit der Begründung, ihr eigenes Ich zu suchen und auszuleben.

Alles muss immer und subito für sie »stimmen«, so dass es selten mehr für die Beachtung gemeinsamer Bedürfnisse reicht. »Es stimmt nicht für mich!« Und schon werden Verantwortung und kollegiales Mittragen beiseite gelegt. Diese Selbstfindungssüchtigen sind für Team- und Partnerschaftsarbeit nicht unbedingt geeignet. Mit ihrem egoistischen Verhalten laufen sie bald in eine vereinsamende Falle, so dass sie einem Leid tun können.

Dann doch lieber die humorvolle Aufteilung von Uli Stein: »Wir würden uns hervorragend ergänzen, Sie sind reich und romantisch, ich bin arm und realistisch.«

Lebendige weibliche und männliche Sexualität

Gute, eigenständige Sexualität in der Partnerschaft ist in unserer Zeit kein leichtes Spiel. Fließt die Sexualität zwischen Frau und Mann leicht hin und her, kann es die schönste Kommunikation der Welt sein. Wenn sie aber stockt, verkommt es bald zu einem mühsamen Geknorze. Und wenn sie missverstanden wird oder gar unterbleibt, kann sie leicht zum gefährlichen und alles zerstörenden Trennungskeil in vielen Partnerschaften werden.

In unserer fürchterlich versexualisierten, exhibitionistischen Zeit ist es nicht immer leicht, miteinander eine feinfühlige Sexualität zu leben. Männer werden mit scharfen Bildern, Filmen und Geschichten aufgegeilt. Sie sind hin- und hergerissen zwischen alten Machoträumen (als potente Männer noch Männer waren ...) und ernsthafter Nachdenklichkeit und Verunsicherung darüber, ob ihre gelebte Sexualität auch die richtige sei.

Frauen werden durch die plumpe Vermarktung der Sexualität ebenfalls provoziert und verunsichert.

Zu sehr wird gegenwärtig die Sexualität ans Licht gezerrt und dabei ein Teil ihres Geheimnisses zerstört.

Zudem werden wir mit der Haltung konfrontiert, dass Frauen und Männer gefälligst die gleichen Ansprüche zu haben hätten und der Unterschied zwischen Mann und Frau ausschließlich ihrer historischen Erziehung zuzuschreiben sei.

Doch in unseren Tagen bewegt sich auch faszinierend Positives: Es gibt viele junge und ältere selbstbewusste Frauen, die sehr wohl mit ihrer eigenen Lust fantasievoll umzugehen wissen. Sie erforschen, lieben, erleben ihre Sexualität und warten nicht, bis sie gnädigst von einem »wissenden« Prinzen beglückt werden. Sie wünschen, fordern und holen sich ihre Sexualität selbst!

Diese starken, lustvollen Frauen schlagen tatsächlich ein neues Kapitel in der sexuellen Kultur auf. Sie bringen neue Farben und frische Töne in die bisher eher eintönig und männlich gelebte Sexualität hinein. Eine riesige Bereicherung für diese gemeinsame Welt zwischen den Menschen.

»Die Lust ist weiblich!«, frohlockte sogar ein Schweizer Magazin im Sommer 2000. Viele Sexualforscher, Psychologen und Naturwissenschaftler sind sich einig: Weibliches Begehren ist weitaus facettenreicher als das des Mannes. Nun bleibt nur noch zu wünschen, dass diese Bereicherung möglichst bald Einzug in alle Partnerschaften nehmen möge. Leider herrscht in den meisten Ehen immer noch eine zu einseitige, männliche und für beide Partner teils sehr unbefriedigende Kultur, wie unzählige Gespräche in der Paartherapie zeigen.

Mehrheitlich liegen die Bedürfnisse jetziger Frauen und Männer in der Sexualität leider immer noch beunruhigend weit auseinander. Es mag zutreffen, dass die einen von der Venus und die anderen vom Mars kommen. Zu vieles wird immer noch sehr ungleich wahrgenommen. Wir leben nun mal in unterschiedlichen Körpern mit unterschiedlichen Trieben und Bedürfnissen.

Ausgerechnet die nicht unbedeutende Frage, wie viel Sexualität in einer Partnerschaft gelebt werden soll, wird immer noch grundverschieden beantwortet.

Wie bereits erwähnt, glaube ich, dass sich gegenwärtig in dieser Geschichte ein fataler Evolutionsfehler breit macht. Ob es gar ein Schöpfungsfehler ist …? Weiß der Kuckuck warum, doch wenn es um die Quantität geht, scheint es, als hätten die Männer ein paar Löffel mehr von der Lust auf Sex eingeschlürft.

Dieses Dilemma hat immer noch Auswirkungen, bis in unsere Tage: Fragen Sie hundert Männer im »besten« Alter, wie viel Lust auf Sex sie haben, und eine große Zahl wird ohne viel nachzudenken (Männer brauchen darüber nie lange nachzudenken) sagen: »Eigentlich jeden Tag!«

Eine breit angelegte USA-Studie vom Februar 1999 (Quelle: JAMA) ergibt folgendes Bild:

Fehlendes Interesse an Sex	Frauen 31,6 %	Männer 14,7 %
Kein Spaß an Sex	Frauen 22,7 %	Männer 8,3 %
Täglich mehrmals an		
Sex denken	Frauen 19,0 %	Männer 54,0 %

Nun ist es halt immer noch so (wird sich hoffentlich bald ändern): Männer wollen mehr Sex als Frauen! Quantität statt Qualität?

Wenn Frauen gefragt werden (nicht vor laufenden RTL-Kameras), sagen viele, dass ihnen Sex einmal pro Woche oder einmal pro Monat genügen würde. Wie schwierig muss es doch für Frauen sein, immer ausreichend Ideen und Fantasien zu haben, um all die ungeduldig scharrenden Lustmänner abzulenken und die Liebesnächte auf ein vernünftiges, weibliches Maß zu reduzieren? Vielleicht sind darum die Frauen in all den Jahren intelligenter als die Männer geworden ...

Welche List und Klugheit sind nötig, um über Tausende von Jahren diese gierigen Kreaturen bei der Stange zu halten. Ein verrücktes Verzögerungsspiel, das den Frauen lebenslänglich zugemutet wird. Wenn sie sich zu wenig wehren, werden sie übermannt, aber wenn sie den Bogen überspannen, hüpfen diese untreuen Lustmänner einfach ins nächste Puff. Die Konkurrenz ist groß: Noch immer werden in unserem schweizerischen Rotlichtmilieu jährlich vier Milliarden Schweizer Franken umgesetzt.

Es ist nicht einfach, ein Mann zu sein! Was tun, wenn sich die Natur regt? Was tun, wenn das Hirn dauernd auf Sinnlichkeit schaltet? Wenn Eisblumen schon erregen?

Wie viele Männer haben sich doch in Partnerschaften bis zur Erschöpfung angestrengt, um vielleicht ein wenig Lust auszuleben. Sie haben brav ihre Lohntüte nach Hause getragen, sich nach dem Wohl der Kinder erkundigt, die Freitagabendblumen nicht vergessen, sich den Hochzeitstag gemerkt, die Hausarbeiten gemacht, um dann endlich in den Garten der Liebe eintreten zu dürfen. Aber dann gibt es Verzögerungen: Die Auserwählte ist am Telefon, im Badezimmer, nicht in Stimmung – bis der Gierige einschläft. Vielleicht morgen, Schatz? Und so verbringen viele Ehemänner beängstigend viel Zeit »draußen vor der Tür« ...!

Ja, Frauen wie Männer sind in dieser sinnlichen Angelegenheit nicht zu beneiden!

Vielleicht sollten wir gemeinsam versuchen, die ungleichen Dinge selbst auszugleichen. Wenn Frau und Mann diesen Schöpfungsfehler partnerschaftlich angehen, dürfte es nicht so schwierig sein, einen Kompromiss zu finden.

Zum Beispiel kann zwischen den beiden gegensätzlichen Bedürfnissen ein individuelles, partnerschaftliches faires Mittelmaß auf Zeit gefunden werden.

Wichtig scheint mir aber auch Folgendes zu sein: Wenn es wahr ist, dass Frauen und Männer unterschiedliche sexuelle Bilder in sich tragen und unterschiedliche Bedürfnisse haben, dann ist es auch notwendig, dass diese Verschiedenheit individuell ausgelebt werden darf. Männer bräuchten sich nicht immer für ihre Potenz und Triebhaftigkeit zu entschuldigen und Frauen nicht für ihre Unlust-Zeiten.

Leider wird noch viel zu oft nur die männliche Subito- und Quickie-Sexualität gelebt und weniger die lustvollere Sinnlichkeit aus »Tausendundeiner Nacht« der Frauen.

Warum nicht abwechselnd einander besuchen? Einmal ist sie Gastgeberin und er der neugierige Gast, dann wiederum ist er der Gastgeber und sie der zu verwöhnende Gast. Wie reich beschenkt würden wir Männer doch, wenn wir vermehrt in die Lustgärten der Frauen eintreten und ihre fantasievollere Lust genießen könnten! Für viele wäre es eine wunderbare Bereicherung.

Ist es nicht schön, verführt zu werden und selbst zu verführen?

Dieses gegenseitige Besuchen und das Ausleben von weiblichen und männlichen sexuellen Bildern, Sehnsüchten und Träumen erweitert die partnerschaftliche Sexualität ungemein und kann die Erotik über Jahre beleben.

Oder vergleichen wir die Sexualität mit dem Essen: Die einen (vorwiegend Männer) haben Lust auf Hamburger und essen am liebsten stehend an einem Imbissstand um die Ecke. Warum auch nicht?

Die andern bevorzugen lauschige kleine Esslokale mit verschiedenen Menüs, die mit würzigen und scharfen Zutaten zubereitet worden sind.

In der Partnerschaft eigene Menüs zu kreieren, mit feinen Zutaten und mehreren Gängen, brächte Abwechslung ins müde Sexleben. Wie oft habe ich doch schon viele Paare resigniert über die Sexualität reden hören, weil sie einfach zu wenig mit Fantasie, Zeit und Lust »kochen«.

Ein weiterer Zauber für die Sexualität in der Partnerschaft ist das Gespräch: Paare können einander nicht alle Wünsche und kleinen Dinge von den Augen ablesen (oder gar erspüren). Warum nicht immer wieder sagen, was der Körper gerne hat und was weniger? Oder was gerade jetzt Lust macht und was eher Unlust erzeugt? Zudem kann ein gutes Gespräch sehr einstimmend, einladend und anregend wirken.

Unser Lustempfinden ist jedoch ständig im Wandel. Was wir einmal köstlich liebten, kribbelt uns absolut nicht mehr im Bauch. Und diese Veränderungen müssen wir mitteilen. Ohne Worte geht es kaum.

Beim Verstummen über dieses Thema schleichen sich Missverständnisse und Fehlinterpretationen ein. Zum Beispiel ist eine Seele ziemlich nachdenklich wegen irgendeines kleineren frustrierenden Zwischenfalls des Tages. Er ist aber zu unbedeutend, um darüber zu reden. Diese nachdenkliche Seele ist dann beim Liebesakt vielleicht etwas abwesend. Dies wiederum veranlasst den Partner oder die Partnerin, diese Abwesenheit auf sich zu beziehen und als Abweisung zu empfinden. Das Gefühl, abgewiesen zu werden, löst wiederum ungute Reaktionen aus, und das Liebesspiel wird frustriert abgebrochen. Rücken an Rücken wird verletzt und unglücklich eingeschlafen.

Für sinnlich Liebende gilt: Die Sprache nicht vergessen – Sexualität braucht Worte! Sonst schleicht sich die Lust davon.

Doris Christinger schreibt in ihrem Buch ›Auf den Schwingen weiblicher Sexualität‹: »Denn die Lust funktioniert wie eine Pflanze, die immer wieder Nahrung und Wasser braucht und gepflegt werden will. Wenn unser Leben intensiv und farbig ist, fühlen wir uns lustvoller und erotischer.«

Ja, Sexualität darf einmal weich und zärtlich sein, dann wieder animalisch und aggressiv.

Natürlich müsste, wenn über die Sexualität zwischen Frau und Mann nachgedacht wird, auch die Macht beachtet werden. Denn in diesem sinnlich gelebten Spiel geht es auch um Macht und Besitz. Bei den Frauen und bei den Männern ...

Wenn die Lust auf Macht in leicht rivalisierenden Eroberungsspielen zwischen Frau und Mann ausgelebt wird, kann das ein wunderbarer Kick für Langzeitbeziehungen sein. Erotik braucht Spannung. Zu viel Harmonie ist Gift für den Eros.

... übrigens: Die Lust ist weiblich!

Individuelle Nähe und Distanz

»Am liebsten würde ich in dich hineinkriechen!
Ach, ich könnte ewig nur mit dir zusammensein.
Eigentlich sollte es immer so bleiben!«

Wie verschmelzend schön ist es doch, verliebt zu sein! Aneinander zu kuscheln, die böse Welt links liegen zu lassen und sich total auf seinen Prinzen oder seine Prinzessin zu konzentrieren. Sind das nicht himmlische Umstände? Jedem Liebespaar sind sie aus tiefstem Herzen zu gönnen. Fast schon ein wenig unanständig, dieses kleine Paradies zu stören.

Ist es nicht verständlich, dass Menschen nach Jahren des Alleinseins oder des Unverstanden-Seins – wenn dann endlich wieder einmal alles so wunderbar stimmt – nicht genug davon bekommen? Da kann es so leicht geschehen, dass man sich immer enger aneinander bindet, sich all der nervenden Beziehungen und störenden Tätigkeiten entledigt, um sich möglichst am eigenen intimen Feuerlein zu erwärmen.

Nun braucht aber jede gesunde Seele zwischendurch auch Luft zum Atmen. Die erste Seele, die nach Luft lechzt, stört die andere symbiotische Seele in ihrem schmelzenden Glückszustand. Daher ist es sehr heikel, sich aus der Umklammerung der Verschmelzung zu befreien. *»Was, du hast schon genug von mir? Nein, bitte, bitte bleibe noch ein wenig! Sei nicht so grausam!«*

Wer kann schon mit einem brennenden Herzen solch klammernden Sätzen widerstehen?

Unglücklicherweise meint oft der eine Partner, er müsse das Liebesglück retten, und wehrt sich mit allen Mitteln gegen ein rechtzeitiges Luft-Hereinlassen. Könnte dies nicht schon das Ende bedeuten? *»Hast du mich nicht mehr gern? Warum gehst du weg? Du liebst mich nicht mehr! Bin ich dir nicht gut genug?«* Solche Sätze verhindern oft ein rechtzeitiges gegenseitiges Loslassen.

Leider ersticken auch in unserem Lande Partnerschaften häufiger an zu viel Enge als an zu viel Offenheit.

Dabei halten Abwechslungen Partnerschaften gesund! Glückselige Gemeinsamkeit ist okay, doch dann sind wieder offene Häuser mit viel Luft und Durchzug angesagt.

Arnold Lazarus hat es einmal so formuliert: »In glücklichen Ehen sind die Partner nicht unzertrennlich, sondern lassen einander Raum und auch eine gewisse Freiheit.«

Darum wäre es schon sinnvoll, immer wieder darauf zu achten, ob noch genügend Luft für beide Partner da ist. Oft wird mit Notlügen oder verletzendem Verhalten versucht, aus dem engen System auszubrechen. Was eigentlich eine gesunde Reaktion auf zu viel Enge ist, wird als Zerstörung bewertet. Es weckt Verlassenheitsängste, Schuldgefühle und klagt an.

Folgende Fragen sollten auch unter frisch Verliebten erlaubt sein:
- Ist es beiden Seelen noch wohl in unserer kleinen Welt?
- Wie könnten wir gemeinsam, ohne zu verletzen, unser enges System wieder etwas öffnen?
- Warum habe ich / hast du einen solchen übersteigerten Hunger nach Verschmelzung?
- Wie könnten wir beides haben: Verschmelzung und Luft?
- Wie kann ich etwas für mein Ich tun, ohne dich deswegen zu verletzen?
- Wie kann ich mir treu sein, ohne dir untreu zu werden? Etc.

In engen Systemen kann es bald auch sehr langweilig werden. Es fehlen die Anregungen der Außenwelt. »Wir genügen doch einander!« Aber auch bei einer tollen Ergänzung überfordern sich zwei Partner, wenn sie meinen, einander alle Bedürfnisse stillen zu können.

Vielleicht könnten auch da ein paar Fragen hilfreich sein:
- Wie viel Nähe...?
- Wie viel Distanz...?
- Wie viel Raum...?
- Wie viel Abwechslung brauchen wir?
- Was vermisse ich / vermisst du?

In vielen Paarkonflikten geht es im Wesentlichen um den richtigen Abstand zwischen zwei Partnern. Daher haben Streitigkeiten sehr wohl ihren Sinn. Sie sind quasi Regulation und Einstellgerät für den Abstand zwischen dir und mir.

■ Sie wehren sich gegen das Aufgefressenwerden, gegen das Ersticken in einer Symbiose etc. Mit Streiten kann man sich den Partner vom Leibe halten. Vielleicht will er zu viel Nähe, zu viel Sex, zu viele Gespräche, zu viele Dienstleistungen – kurz: Der frisst mich ja auf. In diesem Sinne wird Streit auch als Selbstschutz eingesetzt: eine Abwehrtechnik.

■ Sie sind aber auch hilfreich bei unmöglichen Abschleichern, Drückebergern und Trittbrettfahrern. Die müssen doch ein wenig provoziert und »bestraft« werden mit einem wohldosierten, regulierenden Streit. Was bilden sich diese abwesenden Partner eigentlich ein! Der abwesende oder leise wegschleichende Partner wird wieder in die Nähe geholt. Durch Streiten können sich zu weit entfernte Partner erneut spüren. Lieber einen Streit vom Zaun brechen als vor lauter Distanz nichts mehr fühlen. Lieber einen Partner hautnah mit rotem Kopf, kurzem Atem, grollenden Augen als den gleichgültigen Abwesenden irgendwo in der weiten Welt.

Natürlich könnten sich Paare auch immer wieder direkt ansprechen und über ihre Nähe und Distanz ohne großes Gebrüll diskutieren, verhandeln und Neues regeln. Aber diese Zusammenhänge muss man erst wahrhaben und begreifen können. Die Gefühle sind halt oft schneller als der denkende Kopf. Zudem ist es ärgerlich, dass ausgerechnet der Mensch, den man unter Millionen ausgewählt hat, nicht selber merkt, welche Nähe die richtige ist.

Oder es erbost einen Mann so sehr, dass die Frau, die er schließlich unter vielen ausgewählt hat, ihn immer wieder »draußen vor der Tür« warten und scharren lässt. Dann wird wieder einmal kräftig gebrüllt, über die lauwarme Suppe, über die unauffindbare Zeitung und andere wichtige Dinge. Damit erreichen wir nur das Gegenteil. Dies wiederum verleitet uns dann logischerweise zu neuem Gebrüll und neuen Konfliktstrategien. Darum bedarf das Thema der individuellen Nähe und Distanz auch dringend einer Klärung, damit Paare ihr richtiges Maß finden können.

Je nach Bedürfnis der eigenen Seele wechselt das Bedürfnis nach Nähe und Distanz eben rasch. In einer Partnerschaft wohnen zwei Seelen, die nicht immer synchron die gleiche Nähe und Distanz wünschen, deshalb ist dieses Thema ein Dauerbrenner.

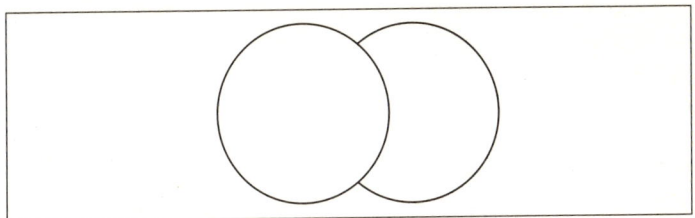

»Komm doch bitte ein wenig näher«, flüstert eine Seele. Die andere faucht: »Ach nein, nicht gerade jetzt, jetzt bin ich so mit mir selbst beschäftigt. Ich kann dich nicht ausstehen, lass mich bitte in Ruhe.«

Aber so direkt sprechen Seelen von Partnern eben selten. Alles wird gut verpackt: *»Warum musst du nun schon wieder am PC arbeiten, ist doch ärgerlich, du bist doch krank.«* – *»Ach, hör auf! Auf deine Diagnose habe ich gerade noch gewartet. Hinter dem PC hab ich wenigstens Ruhe vor dir und deiner Bemutterung.«*

Und schnell geht es um banale, kleine Vorwürfe, die aber eigentlich eine ganz andere Hintergrundbotschaft haben.

Statt auf der langen Lebenswanderung direkt dem anderen zu sagen, wie viel Nähe man wünscht und erträgt, wird leider zu oft mit indirektem, streitendem Verhalten einander die Nähe oder die Distanz vorgeworfen.

»Geh bitte weg, du erstickst mich ja!«, heißt die Botschaft.

Man zettelt aber lieber ein kleines Scharmützel an, mit anderen Inhalten und Themen, die dann eskalieren.

Diese Taktik wird auch häufig angewendet, wenn es um die körperliche Liebe geht. Bekanntlich treffen sich die sexuellen Bedürfnisse nicht immer. Dann wird rechtzeitig ein Streitthema dazwischengeworfen, damit es nicht zur Sinnlichkeit kommen kann. Oder man spürt, dass die Partnerin keine Lust auf Nähe hat, und gibt dieser Realität gleich noch ein paar Frust-Hiebe drauf. »Wenn du mich schon nicht spüren willst, dann spüre wenigstens meinen Ärger. Wenn du schon auf Distanz gehst, kann auch ich auf Distanz gehen, das kannst du mir glauben.«

An anderen Tagen ist man schon im Voraus furchtbar unfreundlich und abweisend, damit die Partnerin ja nicht auf die Idee kommt, ein tiefes Gespräch anzufangen. Dieses Im-Gespräch-nahe-Sein ist nicht immer erwünscht und wird daher rechtzeitig abgewehrt.

Dasselbe gilt auch, wenn eine Seele friert. Wenn sie sich zu sehr alleine fühlt, braucht sie Wärme. Und hitzige Streitereien geben Wärme und vermitteln Nähe. Lieber negative streitende Zuwendung als gleichgültige Distanz.

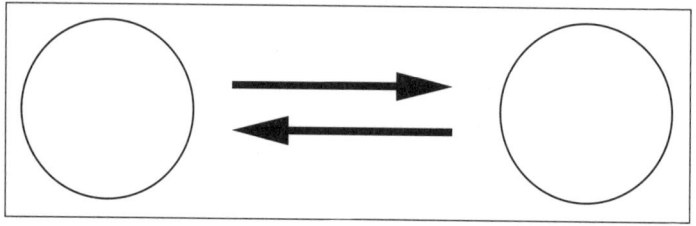

»Ich streite mit dir, damit du mich endlich wieder einmal wahrnimmst.«

Es liegt auf der Hand, dass diese Zweckkonflikte dann das Gegenteil auslösen: nämlich noch mehr Distanz, was den frierenden Partner noch wütender macht.

Und das ist das Tragische. Mit Streiten kann man den Partner auf Distanz halten. Es ist aber eine Illusion zu meinen, mit Streiten könne der Partner hergeholt werden. Und doch wird es dauernd versucht: Man nörgelt, kritisiert, streitet und kämpft, um den Partner näher zu haben. Aber der Partner flüchtet noch weiter weg!

Warum können Partner einander nicht direkt sagen, wie viel Nähe und Distanz sie wünschen? Vielleicht weil wir so wenig Übung darin haben. Oder weil wir Angst haben, den anderen zu verletzen.

Und doch wäre es ein wertvoller Versuch zu lernen, immer wieder um die lebensnotwendige Distanz und Nähe zu bitten. *»Bitte lass mich doch ein wenig allein.«* *»Ich gehe noch weg, ich brauche etwas Distanz.«* *»Ich brauche Luft und Zeit für mich, darum möchte ich diesen Abend für mich.«*

»Komm doch bitte näher, es ist mir kalt.« *»Halte mich fest.«* *»Schenke mir doch etwas Zeit. Ich möchte ein wenig reden können mit dir.«*

Eigentlich einfache Sätze, aber nicht immer leicht auszusprechen, weil wir Angst vor einer Absage oder einer Ablehnung haben.

Wir haben Hemmungen, dem Partner zu sagen, dass wir jetzt keine Lust haben auf Nähe und Gespräche. Vielleicht müssten wir lernen, offen zu erklären, warum wir gerade Zeit für uns selber brauchen. Dies bedingt aber, dass wir es selbst wahrnehmen und auch verbalisieren können. Das müssten wir wieder üben. Als Kleinkinder konnten wir es. Leider entzieht uns oft die Erziehung diese Direktheit. Wir lernen zu mogeln. Mit klugen Ausreden umgehen wir das wachsame Auge der Mutter oder die ewigen Belehrungen des Vaters. Später sind wir fast ein wenig falsch programmiert. Gute Partnerschaften müssten aber eigentlich ohne vorgeschobene Mogelpackungen und zermürbende Streitspiele funktionieren.

Halten und lassen – einander spüren – einander loslassen – wäre ein gesundes Beziehungsspiel. Unsere menschlichen Begegnungen sind einem sinnvollen Wechselspiel von Nähe und Distanz unterworfen, wenn sie lebendig bleiben wollen.

Kluges Verhandeln auf Zeit

Der Titel meines ersten Buches (im letzten Jahrhundert geschrieben) – »Glück zu zweit – auf Zeit? Verhandelnde Paare lieben länger« – ist meines Erachtens auch in diesem frischen Jahrhundert immer noch gültig und sinnvoll.

Glückliche Ehen gründen auf guten Kompromissen.

Ich bin überzeugt, dass lebendige Partnerschaften vor allem dann gesund bleiben, wenn die beiden Partner immer wieder ihre unterschiedlichen Interessen gegenseitig akzeptieren, geschickt Kompromisse aushandeln und diese regelmäßig neu festlegen.

Das heißt, zwei Partner suchen eine Lösung, in der die Anliegen beider größtenteils enthalten sind.

An diesem Aushandeln führt kein Weg vorbei. Steven Carter sagt in ›Lauf nicht vor der Liebe weg!‹ sogar: »Wenn der andere anfängt, Ihnen weniger zu geben, sollten Sie ihm nicht automatisch mehr geben.« Ja, das Spiel sollte auf Fairness und Ausgleich ausgerichtet sein.

Vor allem wir modernen, anspruchsvollen Menschen mit unterschiedlichen Interessen und Bedürfnissen, die wir nicht einfach hintereinander hertrotten wollen, müssen verhandeln. Und nicht nur in der verliebten, rosaroten Zeit, sondern eben immer wieder. Die Bedürfnisse und Interessen ändern sich in unserer kurzlebigen Zeit ständig. Das ist auch gut so und sollte als Tatsache akzeptiert werden.

»Du änderst ja immer wieder deine Meinung. Was, jetzt möchtest du schon wieder etwas anderes? Nein, das haben wir doch einmal abgemacht, basta! Nein, für eine Änderung bin ich nicht zu haben. Mit mir nicht!« sind keine konstruktiven Partnerschaftsaussagen. Nur Paare, die in Bewegung bleiben und immer wieder für Neues zu haben sind, bleiben nicht nur jugendlich, sondern auch beziehungsmäßig gesünder! Denn rasch rosten Paare ein, weil sie immer mit gleichen Bedingungen einander zu Gefangenen machen, durch Unbeweglichkeit einander erstarren lassen.

Viel Zauber liegt vor allem in der Aussage: »Verhandeln auf Zeit!« Das heißt, dass Paare immer wieder neue Spielregeln und

Vereinbarungen treffen sollten. Nicht für die Ewigkeit, bis dass der Tod oder die Scheidung sie scheidet, sondern eben – immer nur auf kurze Zeit. Etappenweise in überblickbaren Zeiteinheiten.

Fast tagtäglich erlebe ich in meiner Praxis Folgendes:
Vor mir sitzen etwas Ehe-müde und abgekämpfte Paare, die nicht mehr so recht an wirkliche Veränderungen, an bessere Zeiten glauben. Wenn ich dann diese etwas festgefahrenen Paare ermuntere, die soeben formulierten Wünsche und neuen »Spielregeln« auszuprobieren, dann gewinne ich sie jeweils nur mit der beruhigenden Aussage: Diese Erneuerungen könnten ja einmal für zehn Tage oder maximal drei Wochen gelten. Erst dann würden wir überprüfen, wie brauchbar sie wirklich sind. Vielleicht müssten wir doch noch einmal etwas abändern und dann weitersehen...
Erst diese überblickbare Veränderung auf Zeit nimmt ängstlichen und verletzten Partnern jeweils die Unbeweglichkeit von starren Rollen wieder weg! Menschen sind eher für ein neues Experiment zu motivieren, wenn es auf Zeit festgelegt wird und auch immer wieder geändert werden darf.

Wichtig beim fairen Verhandeln ist auch, dass wirklich beide ihre Gedanken, ihre Wünsche und ihre tiefen Bedürfnisse auf den Verhandlungstisch legen und erst dann nach neuen Möglichkeiten gesucht wird. Möglichst viele Bedürfnisse sollten offen ihren Platz finden.
Das Leben ist doch heute lang genug geworden, um darin für viele Wünsche Zeit zu finden!
Wenn die Wünsche beider Partner nicht gleichzeitig miteinander erfüllt werden können, dann wird erst einmal in ihre Wünsche und später in seine Bedürfnisse investiert (oder umgekehrt). Es hat doch Zeit genug – bei Ehezeiten von bald vierzig, fünfzig und sechzig Jahren!
Damit Verhandlungen gelingen, müssen ein paar einfache Regeln berücksichtigt werden. Sie bilden den Rahmen. Die Wünsche, Bedürfnisse und Themen selbst sind der Inhalt des Bildes.

Hilfreiche Verhandlungsspielregeln

- Verhandeln zum richtigen Zeitpunkt – frühzeitiges Verhandeln gibt gute Erfolgschancen.
- Orte wählen, die beide Partner als ansprechend und wohltuend empfinden.
- Termin für Standortgespräche frühzeitig miteinander abmachen.
- Ritualisierte, immer wiederkehrende Termine sind hilfreich.
- Genügend Zeit einplanen.
- Das Tempo und die Verhandlungsdauer dem langsameren Partner anpassen.
- Vor dem Verhandeln Gesprächsregeln abmachen.
- Einander zuhören und aussprechen lassen – gleich lange Redezeiten beachten.
- Positive Rückmeldungen und Feedbacks geben – nachfragen.
- Keine Tabus im Gespräch.
- Alle Wünsche beider Partner sorgfältig auflisten.
- Die Wunschlisten beider Partner sollen etwa gleich groß sein.
- Die Verhandlungen nicht mit dem schwierigsten Thema beginnen.
- Unfertige Gedanken, Träume und Visionen zulassen.
- Positive Dinge ebenfalls aussprechen – Humor nicht vergessen.
- Möglichst über Gegenwärtiges und Zukünftiges verhandeln.
- Einbezug von spielerischen und kreativen Hilfsmitteln.
- Sich an frühere Konfliktlösungen erinnern.
- Einander das geben, worum der andere wirklich bittet.
- Verhandeln auf Zeit – nicht für die Ewigkeit.

Faires Verhandeln ist begleitet von klugen Fragen.

Mediative und lösungsorientierte Fragen

- Was muss ich dir anbieten, damit ich das bekomme, was ich möchte?
- Was machen wir gut zusammen?
- Warum funktionieren diese Dinge bei uns?
- Was müssen wir tun, um noch mehr Positives zu erreichen?

- Was möchten wir zukünftig vermeiden – was verwirklichen?
- Wo liegen unsere Ressourcen?
- Was ist schon so, wie es in etwa sein sollte?
- Wie viele Möglichkeiten (Optionen) haben wir?

Worüber kann, darf und soll verhandelt werden?

Grundsätzlich über alles! Es gibt Themen, die sind so grundlegend aktuell, dass sie in jeder lebendigen Partnerschaft immer wieder verhandelt werden müssen:

Unsere Lastenverteilung
Unsere Machtmuster
Unsere Nähe und Distanz
Was verbindet/trennt uns?
Unser Wohn- und Lebensraum
Unsere wertvollsten/schwierigsten Themen
Unsere Lebensgenüsse
Unsere Gesprächskultur
Unsere Streitkultur

Unsere Freizeit
Unsere Sexualität
Unsere Gesundheit
Unsere Arbeit
Mein/dein Besitz
Unsere Esskultur
Unsere Geschenkkultur
Unsere Spielkultur
Unsere Nachbarn
Kleidung und Körperpflege

Unsere Visionen
Unsere Kultur
Unsere Rituale
Unsere Übergangszeiten
Kinder und Erziehung
Unsere Freunde
Unsere Verwandten
Unsere Religion und Weltanschauung
Unsere Freiheit und Freiräume

Wie schnell sich doch die Zeiten ändern. Bereits schleicht sich ein neues aktuelles Thema in die Dynamik von Paaren ein. Vor allem bei jüngeren Partnerschaften muss ich nun immer wieder mithelfen, auch über dieses neue Ehezeit-fressende Thema zu verhandeln: **unser Umgang mit Internet und Fernseher.**

Viele Ehepartner vergessen vor lauter Kanälen und Webseiten, dass irgendwo eine Ehepartnerin sich die große Liebe etwas anders vorgestellt hat.

Dann müssen wir jeweils dem »Süchtigen« mühsam Zeit für Gemeinsames und Wertvolleres abringen und Neues gestalten ...

Obwohl im neuen Scheidungsrecht in unserem Lande die Schuldfrage abgeschafft wurde, beschäftigt viele Paare immer wieder die Frage nach der Schuld.

Ob wir es wahrhaben wollen oder nicht, vor allem in Krisenzeiten gibt es bei Paaren diese versteckten Konten: »Du bist schuld an unseren Problemen!« »Du stehst in meiner Schuld.« »Dafür übernehme ich keine Verantwortung, es ist deine Schuld.« Unsere Seelen rechnen mit. Und daher sollte ab und zu darüber gesprochen werden, wie die »heimlichen« Schuldkonten stehen und wie sie ausgeglichen werden könnten – unsere Schuldkonten.

Eine wertvolle Hilfe beim Aushandeln kann auch dieses einfache Bonus-System sein: Ein Paar handelt in einer schwierigen Sache ein Maß aus. Wenn er oder sie in guten Tagen mehr leistet als vereinbart, dann gibt es einen Bonus für schlechtere Tage. Dies kann Paaren helfen, miteinander flexibler zu werden. Natürlich kann der Bonus auch in einen Wunsch umgewandelt werden. Mit solchen spielerischen Möglichkeiten können Paare ihre Ressourcen nutzen und beweglich bleiben.

Oft werde ich auf Kompromiss-Ideen angesprochen. Für heiße Sommertage sei wenigstens noch eine erwähnt:
Er möchte abends draußen in der Abendkühle sitzen und ein Bier trinken.
Sie möchte lieber noch etwas erleben, zum Beispiel einen Film ansehen.
Nun der Sommernachts-Kompromiss:
Das Paar geht abends in ein Openair-Kino mit Bierausschank!

Um Ihnen Mut zu machen, ganz persönliche und eigenwillige Dinge auszuhandeln, sind hier ein paar Beispiele von anregenden Wünschen und Vereinbarungen festgehalten:

Vereinbarungen zum Gespräch:

■ Ab sofort sind wir beide wieder bereit, bei Gesprächen einander geduldiger zuzuhören.
■ Um unser gegenseitiges Verstummen zu vermeiden, soll jeder Partner jeweils mindestens fünf Fragen für den anderen bereithalten.

- Erzähle mir bitte mehr von dir und deinen tiefsten Gedanken.
- Bitte interpretiere das, was ich sage, nicht mehr negativ.
- Entwertendes verbales Niedermachen werden wir gegenseitig unterlassen. Bei Rückfall hat das Opfer einen freien Abend gut.
- Wir werden länger an einem Thema dranbleiben.
- Abwechslungsweise wird einer von uns Animator und Moderator sein.
- Zukünftig lassen wir einander Geschichten fertig erzählen (nicht weiterhüpfen).
- Regelmäßige, tägliche Gespräche sind uns zu viel: Wir einigen uns auf ein längeres und tieferes Gespräch pro Woche.

Vereinbarungen bei Konflikten:

- Bei Konflikten wird sofort gestoppt, wenn ein Partner dazu auffordert. Dann werden wir gegenseitig die bereits gemachten Verletzungen anerkennen, und anschließend entschuldigen wir uns gegenseitig (mit einer versöhnlichen Geste, z. B. wir umarmen einander fest ...).
- Beide bemühen sich, 14 Tage nur noch positives Feedback und Wertschätzungen zu geben. Einmal pro Tag darf noch etwas Negatives oder Kritisches gesagt werden. Bei der zweiten Kritik hat der eine oder der andere Folgendes gut: einmal ausschlafen, eine Massage etc.
- Bei Übertretungen gehen wir extern ein Glas trinken. Die oder der Verfehlende wird einladen.

Vereinbarungen für Entscheidungen:

- Damit wir nicht mehr so viel kostbare Zeit verlieren für Entscheidungen, werden wir abwechslungsweise die Dinge bestimmen und regeln (beginnen wird, wer zuerst eine Fünf gewürfelt hat ...).
- Damit wir nicht immer über alles diskutieren müssen, bestimmen wir Ministerien auf Zeit.

Vereinbarungen zur gemeinsamen Erziehung:

- In Anwesenheit unserer Kinder werden wir ab sofort keine Paarprobleme mehr besprechen.
- Wir vermeiden Allianzen mit unseren Kindern gegenüber dem anderen Lebenspartner.
- Die »Nach-Erziehung« des Ehepartners ist zu unterlassen ...

Vereinbarungen zur Sexualität:

- Zukünftig besuchen wir uns abwechslungsweise im Lustgarten des anderen.
- Ich werde in den kommenden Wochen sexuell nichts fordern. Du wirst auf mich zukommen, wenn du Lust hast.
- Ab sofort weniger Fernsehen im Bett, dafür wieder mehr Gespräche und Sexualität ...

Vereinbarungen zu unserer Partnerschaft:

- Unterschiedliche Auffassungen über Sauberkeit und Ordnung werden akzeptiert.
- Ab und zu ein Auge zudrücken ...
- Ich möchte wieder mehr lachen und kindlichen Übermut leben mit dir.
- Gestalte bitte mit mir ein abwechslungsreiches Leben auch vor deiner Pensionierung ...
- Und so weiter und so fort!

Es lohnt sich, immer wieder gemeinsam nach neuen Lösungen zu suchen und nicht in den alten Problemen stecken zu bleiben.

Sie wissen doch: Wer Probleme sucht, wird Probleme finden!

Wer Lösungen sucht, wird Lösungen finden!

Noch etwas muss abschließend zum Thema »Geben und Nehmen« gesagt sein, so paradox es klingen mag: Es muss auch immer wieder bei diesem kleinen Zwischenhandel darauf geachtet werden, dass ein Partner nicht zu viel gibt.

Dadurch kann nämlich ebenfalls die Balance in eine unglückliche Schieflage kippen. Es ist ungeschickt, wenn ein Partner den anderen mit Geben überhäuft, welches der Beschenkte nicht erwidern kann. Dies kann Stress, Ohnmacht, Schuldgefühle oder gar Wut erzeugen.

Ein unermüdliches, faires Tauschen und Teilen, das muss wohl die Ehe sein!

Gutes Streiten, Ent-Schulden und das notwendige Verzeihen

Bei vielen Streitereien in Partnerschaften geht es um Nähe und Distanz. Aber es gibt noch ein weiteres großes Streitfeld, wo es vorwiegend um die Interessen des Einzelnen geht.

Wenn zwei interessante, anspruchsvolle und erst noch eigenwillige Partner unter einem Dach wohnen, dann lässt sich nicht vermeiden, dass bei aller Liebe unterschiedliche Interessen aufeinander prallen. Das ist partnerschaftliche Realität!

Es hat sogar etwas mit Liebe zu tun, wenn diese Tatsache von Paaren akzeptiert wird. Denn dadurch wird anerkannt, dass jeder Partner weiterhin er selbst sein darf, mit all seinen eigenen Wünschen, Träumen und Interessen. Durch die Heirat muss die Individualität nicht einfach aufgegeben werden. Im Gegenteil: Lebendige Partnerschaften leben von der Vitalität des einzelnen Partners. Es ist lebenswichtig, dass jeder er selbst bleiben darf und Neues ausgetauscht, erlebt und verknüpft wird.

Wenn zwei Liebende einander diese Eigenwilligkeit zusprechen und unterschiedliche Interessen im gemeinsamen Hause vorzufinden sind, kann das zu Streit führen.

Nun geht es aber darum, Streit nicht grundsätzlich als etwas Hässliches und Tödliches zu verunglimpfen, sondern als Bestandteil einer lebendigen und demokratischen Partnerschaft anzuerkennen. **Streiten selbst sollte nie verhindert werden. Nur das Wie des Streitens muss und darf immer kritisch angegangen werden.**

Ulrich Brämi, ein vitaler Schweizer Politiker, hat einmal gesagt:

»Es ist besser, mit offenen Auseinandersetzungen zu beginnen und mit einem Handschlag zu enden, als mit geheuchelter Übereinstimmung zu beginnen und mit Schlägen zu enden.«

Die Kunst besteht also darin, miteinander konstruktiv zu streiten, um seine Interessen zu ringen und dann gemeinsame Lösungen zu finden.

Auch dafür braucht es wiederum einige Richtlinien, die helfen können: Spielregeln, die dem Paar je nach seinem Temperament und seiner Paardynamik angepasst sind.

- Wir akzeptieren grundsätzlich, dass beide Partner eigene Interessen und eine eigene Meinung zu einem Thema haben dürfen.
- Wir sind deswegen nicht enttäuscht oder böse aufeinander.
- Wir wählen für unsere Streitgespräche einen Zeitpunkt und einen Ort, denen beide zustimmen können.
- Wir werden einander zuerst die unterschiedlichen Varianten offen legen und grundsätzlich dieses unterschiedliche Denken und Fühlen anerkennen.
- Dann werden wir versuchen, verschiedene Lösungsansätze zu finden, und freuen uns, wenn möglichst viele Ideen und Optionen auf dem Tisch liegen.
- Wenn wir uns in einer Sache festbeißen, überlegen wir uns, ob sich dieser Streit lohnt.
- Wir sind eher für Streitgespräche bereit, statt zu verstummen!

Nun gehen wir vorsichtig an die Themen heran:

- Was wollen wir heute exakt besprechen, was nicht?
- Wie viel Zeit wollen wir für diese Interessenverhandlung einsetzen?
- Haben wir Fluchtmöglichkeiten, Rauchpausen etc. nötig?
- Wie können wir sachlich beginnen, ohne gleich in üble Streitmuster zu verfallen?
- Geben wir uns gleich viel »Rede- und Erklärungszeit«?
- Wo liegt bei diesem Thema meine/deine Schmerzgrenze?

- Verletzende Wiederholungen und Entwertungen werden wir vermeiden.
- Jeder hat eine gelbe und eine rote Karte. Wenn ein Partner die gelbe Karte hochhält, muss der andere schweigen und zuhören.
- Wenn die rote Karte hochgehalten wird, soll der Partner für ein paar Minuten vom Verhandlungstisch (wie oft die Karten benützt werden dürfen, muss zu Beginn geregelt werden).
- Grobe, verletzende Wörter werden vermieden. Die Sprache soll – je nach Kultur und Temperament – angemessen sein.
- Drohungen vermeiden wir. Sie provozieren nur und sollten sofort gestoppt werden.
- Verbale Verletzungen oder gar Gewalt lassen wir nicht zu. Bei zu heftigen Emotionen darf der Raum sofort verlassen werden.
- Wenn wir gut und fair verhandeln, belohnen wir uns nachträglich mit einem feinen Essen, einem Theaterbesuch oder einem Wunsch nach freier Wahl.
- Wie könnten wir uns sonst noch belohnen? (Jeder darf einen Wunsch aussprechen.)

Den schützenden, flankierenden Spielregeln sind keine Grenzen gesetzt. Ein individueller, kluger, weicher und schützender Rahmen kann sehr viel zum Gelingen beitragen.

Wenn gefährliches, eskalierendes Streiten rechtzeitig wahrgenommen und auf – vielleicht noch subjektive, konfuse – Gefühlsempfindungen geachtet wird, kann leichter verhandelt werden.

- Welches ist unser Frühwarnsystem für gefährliche Konflikt-Eskalationen?
- Wie können wir allfällige negative Streit-Eskalationen verhindern?
- Was fördert unsere »Friedenszeiten«?
- Wie können wir unsere Friedenszeiten verlängern?

Folgender einfache Konfliktraster kann Ihnen vielleicht helfen, einen möglichen Streit sachlich anzugehen.
Versuchen Sie es doch einmal!

Was tun bei Konflikten?

■ **Beide sind bereit, den Konflikt friedlich zu lösen**
· Spielregeln abmachen
· Zeit/Setting/Ort

■ **Was sind die Themen (Probleme, unterschiedliche Meinungen)?**

Partner A	Partnerin B
Mein Ärger mit dir	Mein Ärger mit dir
(z. B. deine Unpünktlichkeit)	(z. B. deine Passivität)
Problem A (z. B. zu wenig Freizeit)	Problem A (z. B. Lastenverteilung)
Problem B (z. B. Sexualität)	Problem B (z. B. Kindererziehung)
Problem C (z. B. deine Verwandten)	Problem C (z. B. Wertschätzung)

■ **Mit welchem Thema (Problem) beginnen?**
· mit dem »leichtesten« Problem beginnen
· sich auf ein Thema (Problem) einigen

■ **Jeder Partner schildert seine Version**
· Wie ist das Problem entstanden?
· Es darf die subjektive »Wahrheit« (eigenes Empfinden) erzählt werden.
· Die Gegenpartei hört nur zu!
· Sie darf Fragen stellen, wenn sie etwas nicht versteht.

■ **Wie können wir eine Verbesserung erreichen?**
Lösungsvariante A _____
Lösungsvariante B _____
Lösungsvariante C _____

Lösungsvariante D _____

… auch unfertige Ideen, Gedanken und Möglichkeiten aufzählen und zulassen.

■ **Aushandeln möglicher Lösungsvarianten**
- Was spricht für welche Lösung?
- Was spricht gegen diese Lösung?
- Gab es schon mal ein ähnliches Problem?
- Wie haben wir jenes gelöst?
- Wenn wir diese Lösung wählen, bin ich bereit, …
- Mit jener Lösung könnte ich auch noch leben.
… auch spielerische Ansätze gebrauchen.
… Vielleicht auch abwechseln mit zwei Lösungen – auf Zeit!
… Warum nicht würfeln?

■ **Festhalten der Abmachung**
- Vielleicht genügt ein Handschlag.
- Vielleicht sogar schriftlich festhalten.
- Nicht für die Ewigkeit abmachen – auf begrenzte Zeit lassen
  sich eher Lösungen finden!

Eine weit gefährlichere Sache als Streiten ist in Partnerschaften
das Einander-die-Schuld-Zuschieben und das Einander-immer-
wieder-Vorwürfe-Machen.

»Du bist schuld!«

Darauf folgt bei vielen Paaren immer wieder die unglückselige
Frage »Wer übernimmt wie viel Schuld bei Partnerschaftskonflikten?«

Wenn unsere Beziehungen aus dem Gleis geraten, neigen wir
leicht dazu, unseren Partnern die Schuld zuzuschieben.

Oft hinterlassen größere Konflikte die verhärtete Meinung, dass
natürlich der andere Partner ganz allein schuld an der Misere sei.
Wäre er nicht so uneinsichtig, so stur, so bösartig, so hinterlistig
etc., dann wäre der verletzende Streit nicht gewesen.

Aber so einfach ist es nun mal nicht.

Darum bedarf diese üble Sache dringend einer weiteren Überlegung.

Es gilt nämlich, bei sorgfältigem Hinsehen in Partnerschaftskonflikten immer auch die Frage zu stellen, in welchem Umfeld etwas geschehen ist.

Es gibt in jedem Konflikt auch ungünstige Hintergründe, die es einem noch so liebenswerten Paar nicht immer ganz einfach machen. Und diese »Mittäterschaft« gilt es zu erkennen, damit einander nicht gegenseitig die Schuld für ALLES in die Schuhe geschoben wird. Ein Paar wird durch das exakte Hinsehen erkennen, dass meistens noch diverse »unglückliche Dinge« mitspielen, und kann dadurch entlastet werden. Es muss und soll nicht für alles die volle Verantwortung übernehmen.

Manchmal erkennt man diese fremden »Täter« auch erst in einer Beratung.

Dank diesem Entlastungsdenken wird das Paar wieder freier und kann dadurch eher wieder gemeinsam versuchen, ein paar Dinge zu ändern. Die eigenen Anteile am »Schuldkuchen« sind kleiner geworden.

Wer übernimmt wie viel »Schuld« bei einem Konflikt?

- Einander nicht für »ALLES« verantwortlich machen.
- Es gibt »unglückliche Hintergründe« bei Konflikten.
- Die »unglücklichen Hintergründe« zur eigenen Entlastung erkennen.
- Welches sind nun diese »ungünstigen Hintergründe«?
- Was entlastet und ent-schuldet uns?
- Was ist mein/dein Anteil?

Beide Partner werden durch diese Betrachtungsweise und die Aufzählung all der »ungünstigen Hintergründe« enorm entlastet, und das kann sie wieder ein wenig versöhnlicher stimmen.

Den »ungünstigen Hintergründen« können meistens beide zustimmen, so dass die gegenseitigen groben Schuldzuweisungen weniger ins Gewicht fallen.

«Ungünstige Hintergründe»
Existenzielle Sorgen, Stress

Mein Anteil «Schuld»   Dein Anteil «Schuld»

Druck, Krankheit,
alte Verletzungen, Missverständnisse
etc.

Trotzdem: Machen wir uns nichts vor. Auch wenn Paare wirklich liebevoll miteinander umgehen und sogar lernen, fair und klug zu streiten, lassen sich unangenehme Verletzungen nicht immer vermeiden. Ab und zu kommt es zu Missverständnissen, Überforderungen und zu ungeschickten Verhaltensweisen. Wo lebendige Menschen zusammenleben, werden Fehler gemacht.

Aber Fehler sollten auch irgendwann wieder einmal weggelegt werden. Man muss auch ab und zu einen dicken Strich ziehen können, damit die Partnerschaft nicht in den Verletzungen und Verfehlungen erstickt und Neues wieder wachsen kann.

Alte Verletzungen, Ärgernisse, Altlasten, Gemeinheiten, Grobheiten, Lieblosigkeit, Unaufmerksamkeit etc. ablegen.

Einen dicken Strich ziehen

damit ein neuer Anfang, eine neue Chance, neue Lösungen, ein frischer Wind, neue Aufmerksamkeit und Verbesserungen wieder möglich werden!

Liebe Frauen – nun verärgere ich euch im letzten Kapitel dieses Buches bestimmt, wenn ich die Behauptung aufstelle, dass Frauen die »Engel« mit den besseren Gedächtnissen für böse Taten sind: Frauen, die über vierzehn Jahre speichern, dass ihr Prinz damals zu spät heimgekommen ist, an jenem elften Novemberabend um halb zwölf Uhr (nachts – wohl verstanden). Es können ebenfalls Frauen sein, die sich nach vielen Jahren exakt erinnern, wie ihr Partner mit seiner »Arbeitskollegin« gemogelt hat. ... und sie verzeihen es ihm nicht.

Doch ohne Verzeihen und Versöhnen geht es nicht!

Zu viele gespeicherte Sünden und Schulden sind fürchterliche Altlasten in Partnerschaften. Sie vergiften die Gegenwart und verhindern eine konstruktivere, bessere Zukunft.

Immer wieder erlebe ich Paare, die durch »Alt-Sünden« der Vergangenheit blockiert sind, insbesondere durch das Nicht-vergessen-Können.

Mit den folgenden einfachen Fragen habe ich in meiner Praxis gute Erfahrungen gemacht, diese tödlichen Altlasten abwerfen zu helfen:

- »Was könnte Ihr Partner/Ihre Partnerin tun, damit Sie nun einen dicken Strich unter das Geschehene machen könnten?«
- »Was bräuchte Ihre Seele, damit sie endlich die Verletzungen verzeihen und vergessen könnte?«
- »Könnte es ein Geschenk, eine Handlung, eine Tat, ein Versprechen sein, damit Ihre Seele wieder zum Verzeihen einlenken könnte?«

Mit wunderbar einfachen Ideen oder auch fantasievollen Vorschlägen haben wir nun schon manche bedrohliche und blockierende Verletzung »wegzaubern« können:

So zum Beispiel wünschte eine Frau, die tief unter unverzeihlichen Sei-

tensprüngen ihres Mannes gelitten hatte, dass sie nochmals miteinander auf die Reise nach Venedig gehen würden, wie damals vor siebzehn Jahren in der verliebten Zeit. Er müsste natürlich die Vorbereitungen, Kosten etc. übernehmen. Der Mann stimmte sofort und erleichtert zu. Drei Wochen später kam eine sichtlich veränderte Frau in meine Praxis und ein sichtlich entlasteter Mann. Die Reise tat anscheinend beiden Herzen gut, versöhnte die verletzte Seele der Frau ein bisschen und ermöglichte dem »belasteten« Mann eine Wiedergutmachungstat. Ein neuer Frühling schlich sich bei diesem älteren Paar nochmals ein.

Natürlich geht es nicht immer nur mit ein paar gemeinsamen Reisetagen in die Vergangenheit. Aber es ist erstaunlich, wie diese Versöhnungstaten Wunder wirken können.

Eine andere verletzte Frau konnte wirklich neu beginnen, als der Partner sich bereit erklärte, mit ihr zusammen einen klugen, fairen und neuen Partnerschaftsvertrag für eine von ihr bestimmte Zeit auszuarbeiten.

Aber natürlich gibt es auch Männer, die nicht wegstecken können ...

Ein Mann war tief gekränkt und konnte ebenfalls einfach keinen Strich ziehen, weil er in den ersten Erziehungsjahren der Kinder einfach nichts zu sagen gehabt hatte. Als wir dann in einer dramatischen Sitzung vereinbarten, dass er ab sofort (quasi als Wiedergutmachung) bei der ältesten Tochter nun das Sagen hätte, verzog sich sein depressiver Groll, und er entwickelte sich wieder zu einem aktiven und engagierten Partner.

Also, ihr Liebenden. Lasst euch etwas einfallen! Lasst euch das Verzeihen etwas kosten, aber verzeiht euren »liebenswürdigen Tätern« um Gottes und wieder einmal der Liebe willen und für euch selbst!

Und bei all diesen Gedanken über das Verzeihen ist zu erwähnen, dass auch sich selbst ab und zu verziehen werden muss. Oft können Menschen einander schlecht verzeihen, weil sie auch sich selbst gegenüber sehr unverzeihlich und nachtragend sind.

Verzeihen und vergessen können – gehören zur Beziehungsfähigkeit des Menschen. Und darin liegt ein wunderbarer Zauber!

»Zwei Minuten vor zwölf!«
oder: Ehen gesunden leise!

Gerne erzähle ich abschließend noch von einer Partnerschaft, die ebenfalls leise zerbrach, dann aber kurz vor dem endgültigen Auseinanderbrechen eine entscheidende Wende erlebte. Vielleicht kann diese hoffnungsvolle Geschichte am Schluss dieses Buches mithelfen, dass zukünftig vermehrt Warnzeichen zu »Lichtzeichen« umgesetzt werden können.

Angefangen hatte das leise Zerbrechen ihrer Ehe mit dem Kauf eines alten, »romantischen« Hauses, das in einem fürchterlichen Zustand war. Ramona und Herbert hatten vor, den Großteil der Renovierung selbst in die Hand zu nehmen, schon wegen des knappen Geldes, aber auch, weil Herbert Handwerker war. Doch sie unterschätzten das Ausmaß der Arbeit sowie die finanziellen Belastungen, und bald gab es immer wieder harte Auseinandersetzungen wegen Ausbaukosten, Baustellen, falschen Prioritäten etc. Ramona hatte es langsam satt, mit ihren drei kleinen Kindern jahrelang auf einer Baustelle zu leben, und drängte daher Herbert, mit der Renovierung endlich voranzukommen. Für ihn war aber dieser »Zweifrontenkrieg«, wie er es nannte, ebenfalls schwierig: Einerseits hatte er seine Kundschaft zu befriedigen und brauchte dringend Einnahmen für die fünfköpfige junge Familie, andererseits litt er selbst unter den Verzögerungen des Ausbaus.

Um noch etwas dazuzuverdienen, nahm Ramona ihre frühere kaufmännische Tätigkeit wieder auf und arbeitete zwei Tage pro Woche in der nahen Stadt. Dort verliebte sie sich in einen Arbeitskollegen und entzog sich deswegen immer mehr der Nähe von Herbert.

Herbert wiederum litt sehr unter dem »Liebesentzug« seiner Frau, verlor die Freude am Ausbau und am gemeinsamen Zuhause, und weil sich der Konflikt immer mehr zuspitzte, mietete er sich ein Zimmer in der Umgebung. Wenn Ramona arbeitete, ging er zurück ins Haus, saß viel resigniert herum und schaffte es kaum mehr, seine ihm zugeteilten Aufgaben zu erledigen. Immer weniger gelang es den beiden, konstruktive Gespräche zu führen. Stattdessen machten sie sich gegenseitig Vorwürfe, brüllten vor den Kindern wild herum oder verfielen in trotziges Schweigen.

In der ersten Sitzung saßen mir Ramona und Herbert müde und erschöpft gegenüber. Sie hatten beschlossen, wenigstens den Kindern zuliebe eine möglichst faire Scheidung anzustreben, und wählten daher die Form einer Mediation.

Beide Partner bemühten sich dann auch, nach fairen und realistischen Lösungen zu suchen. Doch es wurde schwierig, weil die Finanzen knapp waren und beide auch ihr weniges Erspartes ins unfertige Haus gesteckt hatten. Bei einem allfälligen Verkauf musste sogar mit Verlust gerechnet werden. Zudem fühlte sich Ramona allein mit den drei Buben überfordert. Sie machte sich Sorgen, dass Herbert sich noch ganz »davonschleichen« würde.

Als ich die fast lapidare Frage stellte, ob sie einmal versucht hätten, ihre Ehe zu retten, meinten sie, dass es dazu wohl zu spät sei. Das hätten sie früher tun müssen. Nach langem Schweigen fragte Herbert: »Oder was meinen Sie? Kann man so eine Ehe wie die unsere noch flicken?«

Tatsächlich sei es zwei Minuten vor zwölf, aber einen Versuch wert wäre es schon, sagte ich, ohne aber viele Hoffnungen zu machen.

»Wie sieht denn so ein Versuch aus?«, wollte Ramona wissen.

Ich machte folgenden Vorschlag: Wir müssten vorerst wieder zu den Wünschen, Träumen und Visionen ihrer Ehe zurückkehren und einen neuen Partnerschaftsvertrag erarbeiten, quasi ein neues Partnerschaftshaus planen und aufbauen ... Zudem sollten wir neue Spielregeln setzen, die für beide vertrauensvoll und fair sind. Dann würden wir etappenweise Vereinbarungen auf Zeit treffen, die Etappen jeweils sorgfältig auswerten und Verbesserungen und Änderungsvorschläge anbringen ... bis sich die verlorene Liebe vielleicht wieder in ihrem Haus einnistet!

Herbert war der Erste, der einem Neubeginn zustimmte: »Eigentlich müssten wir es schon nochmals miteinander versuchen. Eine Scheidung ist doch zum gegenwärtigen Zeitpunkt für uns beide verdammt unattraktiv!«

»Ich würde es höchstens unseren Kindern zuliebe nochmals versuchen!«, meinte Ramona trotzig.

Sie könnten es sich auch in aller Ruhe überlegen und mir dann Bescheid geben, schlug ich vor.

»Nein«, meinte nun Ramona bestimmend, »ich habe Angst, dass wir nur wieder weiterwursteln würden wie in den letzten Monaten. Entweder möchte ich jetzt an der Scheidung weiterarbeiten oder am Neubeginn!«

»Sie können sich auch eine bestimmte Zeit geben – quasi eine ›Probezeit‹ – für die Variante Neubeginn, z. B. sechs Monate, und wenn keine Verbesserung sichtbar wird, erarbeiten wir dann konsequent die Scheidungsvereinbarungen.«

Dieser Zeit auf Probe stimmten nun beide zu. Herbert bekam

feuchte Augen und sagte plötzlich: »Du müsstest aber deine Beziehung zu Stefan in dieser Zeit aufgeben, sonst kann ich emotional nicht mitmachen.«

»Das tut doch nichts zur Sache!«, fauchte nun Ramona schnippisch zurück.

»Doch!«, mischte ich mich nun ein. Herberts Wunsch müsste schon berücksichtigt werden, wenn auch emotional das Experiment eine neue, faire Chance bekommen sollte.

Etwas zögernd lenkte Ramona ein.

Drittes Lichtzeichen:
Da muss irgendwo noch etwas Liebe verborgen sein, sonst wäre dieses Thema nicht sofort aufgegriffen worden. Herbert erkennt seine eigenen Verletzungen, Seelenvorgänge und seine Chance. Aber auch das Einlenken von Ramona zeigt, dass der Neubeginn ihr ein Opfer wert ist. Wie weit sie dann wirklich von ihrem Liebhaber lassen kann, ist noch eine andere Geschichte. Jetzt zählen nur das Einlenken und die gute Absicht!

Wir vereinbarten anschließend einen neuen Termin für fünf Tage später. Vor dem Weggehen bat ich die beiden, sie sollten über ihre ganz persönlichen Wünsche nachdenken, die sie an den Partner und an die neue Zeit hätten. Vielleicht könnten sie in einer ruhigen Minute diese Wünsche gar aufschreiben und mitbringen. Es ist übrigens wichtig, dass bei einem Neubeginn die Eisen geschmiedet werden, solange sie noch heiß sind …!

Ramona und Herbert kamen sichtlich entspannter in die zweite Sitzung. Sie seien in den letzten fünf Tagen miteinander wie mit rohen Eiern umgegangen, aus Angst, der andere Partner würde den hauchdünnen Faden eines Neuanfangs verlieren, erzählten sie mir. Weil sie schon mit den Buben über eine Scheidung gesprochen hatten, hätten sie ihnen bereits vom neuen Experiment erzählt. Sie hätten eher ängstlich zugehört und wenig dazu gesagt, aber nun würden auch sie sich plötzlich von der besten Seite zeigen – so, als ob sie auch mitmachen wollten beim Neubeginn!

Viertes Lichtzeichen:

Dass sich die Situation schon ein wenig entspannt hat, ist ein gutes Zeichen. Auch dass die beiden verletzten Seelen füreinander wieder Sorge tragen – der gegenseitige Umgang wie mit rohen Eiern –, ist ebenfalls eine hoffnungsvolle Information. Und natürlich ist auch die Reaktion der Kinder hilfreich und konstruktiv!

Beide Partner legten ihre Wünsche auf den Tisch:

Wünsche von Ramona an Herbert:
- Ich wünsche eine baldige Lösung für unsere verdammte Baustelle.
- Ich wünsche mir, dass du dich wieder exakt an Abmachungen hältst.
- Ich wünsche mir, dass du mehr Interesse an deinen Söhnen und an der Erziehung zeigst.
- Ich wünsche mir, dass du mir Zeit und Verständnis entgegenbringst, was meine Gefühle zu Stefan angeht.
- etc.

Wünsche von Herbert an Ramona:
- Ich wünsche mir wieder Sex und Zärtlichkeiten mit dir.
- Ich wünsche mir, dass du mehr Verständnis für meine berufliche Situation hast.
- Ich wünsche mir, dass wir uns vom Hausausbau weniger stressen lassen.
- Ich wünsche mir, dass du dir einen anderen Arbeitsplatz suchst.
- etc.

Ich fragte, ob die Wünsche gegenseitig verstanden und als Wünsche akzeptiert würden. Beide bejahten. Ob sie bereits einigen Wünschen des anderen zustimmen könnten und bereit wären, diese zu erfüllen? Nach längerem Überlegen nickten beide!

Danach fragte ich nach Vereinbarungen, die ein gegenwärtiges
Zusammenleben positiv unterstützen würden.

Nach längeren, teils heftigen Diskussionen konnte ich folgende Vereinbarungen festhalten:

Vereinbarungen zwischen Ramona und Herbert:
- Wir vereinbaren, dass Herbert sofort die Küche fertig ausbaut.
  Dann machen wir eine Baupause, bis beide Partner einer
  neuen Etappe zustimmen.
- Damit Ramona endlich ein eigenes Zimmer bekommt, sollen
  die Buben ins große Zimmer umziehen. Ramona darf das frei
  werdende Knabenzimmer beziehen.
- Wenn Ramona eine gleichwertige Tätigkeit findet, ist sie
  bereit, einen anderen Arbeitsplatz anzunehmen. Herbert wird
  aber ab sofort keine entwertenden Kommentare mehr über
  Stefan aussprechen. Einmal monatlich darf Ramona Stefan in
  der Freizeit treffen.

Die Situation bei Ramona und Herbert beruhigte sich in erstaun-
lichem Maße. Beide Partner bemühten sich offensichtlich, die
Wünsche zu respektieren und die Vereinbarungen möglichst ein-
zuhalten. In den zwei folgenden Sitzungen hielten wir weitere er-
gänzende und konstruktive Vereinbarungen fest. Probleme berei-

teten aber die zwei Seelen in der Brust von Ramona: Einerseits hatte sie selbst Freude an den Verbesserungen in der Beziehung zu Herbert und genoss den Neubeginn, anderseits konnte sie einfach nicht vom Kontakt zu Stefan lassen. Sie genoss vor allem die tiefen und guten Gespräche mit Stefan sehr ...

Herbert war tatsächlich kein großer Kommunikator und wich tieferen Seelengesprächen gern aus. Er war aber bereit, auch auf diesem Feld Neues zu wagen, und lernte immer besser, über seine Gefühle, seine Ängste und Hoffnungen zu sprechen.

> **Siebtes Lichtzeichen:**
> Gute Gespräche kann man lernen! Und da Männer sehr wohl eine Seele haben, haben auch sie vieles mitzuteilen. Oft brauchen sie dafür etwas länger, oder man muss ihnen motivierende Fragen stellen wie: Was macht dir Angst? Was macht dich aggressiv? Was macht dich traurig? Was macht dich zufrieden? Was beflügelt dich? Auf was hoffst du? Und so weiter. Gute Seelengespräche müssen aber auch zur richtigen Zeit und am richtigen Ort geführt werden.

In einer weiteren Sitzung mussten wir auch der Sexualität neue Aufmerksamkeit schenken. Ramona wehrte sich gegen den »schnellen Sex«, wie sie es nannte. Sie wünschte sich mehr sinnliche und ganzheitliche Sexualität. Sie vereinbarten, dass sie ab und zu tagsüber, wenn die Jungen in Schule und Kindergarten waren, versuchen würden, die Sexualität neu zu gestalten; abends seien sie immer zu müde ... Zudem einigten sie sich, dass sie öfter miteinander übers Wochenende wegfahren würden.

Der neue Frühling bei Ramona und Herbert hält nun bereit das dritte Jahr an, und bei meiner letzten Nachfrage erzählten sie immer noch Positives. Ramona hat übrigens einen neuen Arbeitsplatz ...

Frühwarntest und kleine »Hausapotheke« für Paare unterwegs

Max Frisch hat einmal gesagt: »Es sind die kleinen Rechthabereien, die eine große Liebe zerstören.« Daher ist es sinnvoll, ab und zu innezuhalten, um nachzusehen, wie es der eigenen Beziehung geht.

Die letzten Seiten sollen ein nützlicher Teil des Frühwarnsystems für vorsichtige Paare sein. Die Fragen können mithelfen, Unzufriedenheit rechtzeitig zu sichten und miteinander anzugehen. Überprüfen Sie wieder einmal Ihre Partnerschaft:

Wie zufrieden bin ich/ bist du mit unserer Partnerschaft?

Ich bin	unzufrieden zufrieden	Warn-lämpchen
mit unserer gegenseitigen Wertschätzung	1 2 3 4 5 6 7 8 9 10	💡 💡 💡
mit unseren gemeinsamen Gesprächen	1 2 3 4 5 6 7 8 9 10	💡 💡 💡
mit unserer Lasten-verteilung	1 2 3 4 5 6 7 8 9 10	💡 💡 💡
mit unserer Nähe und Distanz	1 2 3 4 5 6 7 8 9 10	💡 💡 💡
mit unserem Sexualleben	1 2 3 4 5 6 7 8 9 10	💡 💡 💡
mit unserem Geben und Nehmen (Verhandeln)	1 2 3 4 5 6 7 8 9 10	💡 💡 💡
mit unserer Streitkultur	1 2 3 4 5 6 7 8 9 10	💡 💡 💡
mit unserem Ent-Schulden und Verzeihen	1 2 3 4 5 6 7 8 9 10	💡 💡 💡
mit unserer Erziehung der Kinder	1 2 3 4 5 6 7 8 9 10	💡 💡 💡
mit unserer Freizeit-gestaltung	1 2 3 4 5 6 7 8 9 10	💡 💡 💡
mit unserem Zugeständnis für persönliche Freiheiten	1 2 3 4 5 6 7 8 9 10	💡 💡 💡
mit unserem Freundeskreis	1 2 3 4 5 6 7 8 9 10	💡 💡 💡
mit unserem Umgang mit Geld und Besitz	1 2 3 4 5 6 7 8 9 10	💡 💡 💡
mit unserer Aufteilung der Macht und Verantwortung	1 2 3 4 5 6 7 8 9 10	💡 💡 💡
mit unseren Essgewohn-heiten	1 2 3 4 5 6 7 8 9 10	💡 💡 💡
mit unserer Wohnsituation	1 2 3 4 5 6 7 8 9 10	💡 💡 💡
mit unserer Geschenk-kultur	1 2 3 4 5 6 7 8 9 10	💡 💡 💡
mit unserem Vertrauens-verhältnis (Treue)	1 2 3 4 5 6 7 8 9 10	💡 💡 💡

- mit unserer Beweglichkeit
  und Neugier auf Neues   1 2 3 4 5 6 7 8 9 10   ☼ ☼ ☼
- mit dem Engagement für
  unsere Beziehung   1 2 3 4 5 6 7 8 9 10   ☼ ☼ ☼
- mit unserer Kompromiss-
  bereitschaft   1 2 3 4 5 6 7 8 9 10   ☼ ☼ ☼
- mit unserem gegenseitigen
  Gernhaben (Liebe)   1 2 3 4 5 6 7 8 9 10   ☼ ☼ ☼
- mit unserer gegenwärtigen
  Beziehung   1 2 3 4 5 6 7 8 9 10   ☼ ☼ ☼
- mit _____   1 2 3 4 5 6 7 8 9 10   ☼ ☼ ☼

Ein Warnlämpchen: **Unsere Partnerschaft ist deswegen
leicht gefährdet.**

Zwei Warnlämpchen: **Unsere Partnerschaft ist deswegen
mittel gefährdet.**

Drei Warnlämpchen: **Unsere Partnerschaft ist deswegen
sehr gefährdet.**

Wie stark sind gegenwärtig unsere Partnerschaftsbande?

	schwach	**stark**	**Warn-lämpchen**

- Band der gegenseitigen
  Sympathie   1 2 3 4 5 6 7 8 9 10   ☼ ☼ ☼
- Band des gegenseitigen
  Vertrauens   1 2 3 4 5 6 7 8 9 10   ☼ ☼ ☼
- Band des »Einander-gern-
  Habens« (Liebesbande)   1 2 3 4 5 6 7 8 9 10   ☼ ☼ ☼
- Band des Gebens und
  Nehmens (Tauschen)   1 2 3 4 5 6 7 8 9 10   ☼ ☼ ☼
- Band der Gewohnheit   1 2 3 4 5 6 7 8 9 10   ☼ ☼ ☼
- Band der gegenseitigen
  Sicherheit (Treue)   1 2 3 4 5 6 7 8 9 10   ☼ ☼ ☼
- Band des gegenseitigen
  Schutzes und Haltes   1 2 3 4 5 6 7 8 9 10   ☼ ☼ ☼
- Band _____   1 2 3 4 5 6 7 8 9 10   ☼ ☼ ☼

Wenn nun bei diesen Fragen auch nur ein Partner Warnlämpchen »aufleuchten« lässt, sollten Sie gemeinsam etwas dagegen unternehmen!

Gesamteindruck

	Frau	Mann
Unserer Partnerschaft geht es gut! Wir müssen nichts ändern.	☐	☐
Unserer Partnerschaft geht es mittelmäßig! Wir könnten etwas ändern.	☐	☐
Unserer Partnerschaft geht es schlecht! **Wir müssen etwas tun.***	☐	☐

* Auch wenn nur ein Partner findet, es müsste etwas geändert werden, sollten Sie es anpacken. Denn Ehen zerbrechen früh und leise!

Folgende Bereiche und Themen sind alarmierend

A _____ *** sehr dringend
B _____ ** gelegentlich einmal angehen
C _____ * kann noch warten

Wie gehen wir vor?

	Frau	Mann
Wir unternehmen nichts und lassen die Zeit heilen.	☐	☐
Wir diskutieren und verhandeln so lange, bis wir eine Lösung haben.	☐	☐
Wir machen auf Zeit deine Lieblingsvariante (du bestimmst).	☐	☐
Wir machen auf Zeit meine Lieblingsvariante (ich bestimme).	☐	☐
Wir besprechen es mit Freunden, mit _____	☐	☐

Wir gehen in eine professionelle Beratung. ☐ ☐
Wir sind uns wieder einmal uneinig,
also soll der Würfel entscheiden. ☐ ☐

Was tun, wenn die Warnzeichen zu blinken beginnen?

Oft kann ein Paar selbst versuchen, die Störungen zu beheben. Wenn aber bereits zu viel Geschirr zerbrochen ist, dann ist es dringend notwendig, zu einem »Paardoktor« zu gehen, weil ein selbst gekochter Beruhigungstee meistens nicht mehr reicht.

Selbst angehen

- Meinungsverschiedenheiten
- Missverständnisse
- Interessenkollisionen
- Entscheidungsprobleme
- Klärungsgespräche

Hilfe von außen notwendig

- Bei zu heftigen Emotionen, die ein fruchtbares und sachliches Paargespräch nicht mehr ermöglichen.
- Bei Gewalt, beim Verstummen der Paare, bei immer wiederkehrenden Schlagabtauschen (Teufelskreisen).
- Bei zu groben Verletzungen, Entwertungen, Anschuldigungen und Verleugnungen.
- Um Zorn und Wut abzuladen, damit sich die Zornspirale nicht weiter dreht.

Zu spät

- Wenn Wertschätzung und Respekt absolut erloschen sind.
- Wenn nur noch Entwertungen, Erniedrigungen und Rache das Paar-Denken beherrschen.
- Wenn bereits längere Zeit psychosomatische schwere Leiden vorliegen.
- Wenn Eheprobleme bereits mit Anwälten und Eheschutzrichter angegangen werden.
- Wenn bereits giftige Pilze gesammelt werden oder in Krimis nach Anleitungen für einen Befreiungsschlag nachgelesen wird ...!

Wenn es stimmt, dass Ehen früh und leise zerbrechen, dann ist es notwendig, rechtzeitig innezuhalten und sich ab und zu gegenseitig ein paar grundsätzliche Fragen zu stellen.

Für solche Tests, Standortgespräche und Verhandlungen muss jeweils der richtige Moment gewählt werden. Beide Seelen sollten eher in »Ruhestellung« sein und genügend Zeit für das exakte Hinschauen und für die anschließende Diskussion einplanen.

Denn das Miteinander-Reden und Austauschen von Gedanken, Ängsten, Hoffnungen, Ideen und Träumen – sind oft schon die Heilung!

Es bringt die Partner näher, und sie fühlen sich wieder einmal verstanden:

»Nicht da ist man daheim, wo man seinen Wohnsitz hat, sondern wo man verstanden wird.« (Christian Morgenstern)

Das alles beruhigt die Seelen und schafft die Bereitschaft für Bewegungen, Veränderungen und gibt Paaren eine Chance für einen Neubeginn.

Eine lebendige Partnerschaft bleibt immer in Bewegung!

Literaturhinweise

Peter Angst   Glück zu zweit – auf Zeit?
Zytglogge Verlag 1999

Steven Carter   Lauf nicht vor der Liebe weg!
Kösel Verlag 1998

Doris Christinger   Auf den Schwingen der weiblichen
Sexualität
Pendo Verlag 2000

Friedrich Glasl   Selbsthilfe in Konflikten
Verlag Haupt 1998

John Gottman   Lass uns einfach glücklich sein
Heyne Verlag 1999

John Gray   Männer sind anders. Frauen auch.
Goldmann Verlag 1998

Arnold Lazarus   Fallstricke der Liebe
Klett-Cotta dtv 1996

Katrin Wiederkehr   Wer loslässt, hat die Hände frei
Scherz Verlag 1997

Maya Storch   Die Sehnsucht der starken Frau nach
dem starken Mann
Walter Verlag 2000

Liebe – Ehe – Partnerschaft

Arnold Lazarus
Fallstricke der Liebe
Vierundzwanzig Irrtümer
über das Leben zu zweit
Übers. v. S. Behrens
ISBN 978-3-423-36185-9

Joseph LeDoux
Das Netz der Gefühle
Wie Emotionen entstehen
Übers. v. F. Griese
ISBN 978-3-423-36253-5

Peter Schellenbaum
Die Wunde der Ungeliebten
Blockierung und Verleben-
digung der Liebe
ISBN 978-3-423-35015-0

Das Nein in der Liebe
Abgrenzung und Hingabe in
der erotischen Beziehung
ISBN 978-3-423-35023-5

John Selby
Die Liebe finden
Wie Sie Ihrem Wunschpartner
begegnen
Übers. v. B. Lemke
ISBN 978-3-423-34424-1

Anne Wilson Schaef
Die Flucht vor der Nähe
Warum Liebe, die süchtig
macht, keine Liebe ist
Übers. v. B. Jakobeit
ISBN 978-3-423-35054-9

John Welwood
Durch Liebe reifen
Partnerschaft als spiritueller
Weg
Übers. v. K. Petersen
ISBN 978-3-423-36284-9